ELISEO PÉREZ CADALSO

VALLE, APÓSTOL DE AMÉRICA

ERANDIQUE
COLECCIÓN

VALLE, APÓSTOL DE AMÉRICA
ELISEO PÉREZ CADALSO

©Colección Erandique
Supervisión Editorial: Óscar Flores López
Diseño de portada: Andrea Rodríguez
Administración: Tesla Rodas
Director Ejecutivo: José Azcona Bocock
Primera Edición
Tegucigalpa, Honduras— Diciembre 2025

La América será desde hoy mi ocupación exclusiva.
América de día cuando escriba; América de noche
cuando piense.

El estudio más digno de un americano es la América.

José Cecilio del Valle (1822).

HOMENAJE A UN HOMBRE NO COMÚN

Eliseo Pérez Cadalso fue uno de los grandes intelectuales de la Honduras del siglo XX. Poeta, cuentista, novelista, diplomático, jurista y promotor de la obra y vida de Juan Ramón Molina, dejó como legado una docena de obras, sin incluir sus artículos de prensa.

En 1954, el abogado Pérez Cadalso publicó Valle, apóstol de América. El libro, de inmediato, recibió las mejores críticas de especialistas y de los lectores.

El historiador Mario Argueta dijo de él: "Genuinamente modesto en su personalidad, Eliseo Pérez Cadalso otorgaba igual trato al encumbrado que al humilde; a la celebridad que al ser anónimo; su inagotable humor lo llevó consigo de por vida, intercalándolo en la conversación cotidiana, en la cátedra, en el artículo periodístico.

A pesar de sufrir acoso político, no guardó ni rencor ni sentimiento revanchista para el adversario partidista; alentó a los que le precedieron generacionalmente para participar en la cultura, con el propósito de mantener renovadas ideológicamente a las academias y cenáculos".

Mientras tanto, el doctor y excandidato presidencial, Enrique Aguilar Paz, dijo: "Hay hombres que han sido extraordinarios por su admirable talento, por su prodigiosa creatividad, por el esplendor de sus ideas, por la proyección universal de su personalidad, por virtud de su modestia, por el consagrado amor a su terruño natal. Son seres verdaderamente estelares que, con su propia luz, iluminan el sendero por el cual deben transitar los hombres comunes.

En Honduras ha habido, tanto mujeres como hombres, con esas características. En esta ocasión deseo referirme a uno de esos predestinados: Cecilio Eliseo Pérez Cadalso".

El propio doctor Aguilar Paz se refirió a Eliseo Pérez Cadalso como "un hombre no común".

En las largas conversaciones con mi recordado amigo y tutor moliniano, el periodista y escritor Mario Hernán Ramírez, este me hablaba con profunda admiración y entrañable cariño de don Eliseo Pérez Cadalso.

"Fue el líder de aquel grupo que se llamó Los trece locos del Guanacaste, que se reunía cada sábado a deleitarse con la poesía de Juan Ramón Molina", me contaba don Mario.

Y en sus relatos recordaba cuando ese grupo de locos se dio a la tarea de recolectar fondos para mandar a fabricar una estatua de Molina.

"Eliseo nos animaba, nos transmitía pasión. Al final logramos juntar el dinero, encargamos el monumento a Mario Zamora y la colocamos en el Parque La Libertad", decía don Mario.

Este es el segundo libro que Colección Erandique publica sobre el abogado Eliseo Pérez Cadalso. El primero, Un hombre no común, recoge las opiniones de distintos escritores y amigos.

En Valle, apóstol de América (la segunda edición fue en 1968, la tercera en 1999 y la cuarta, la que usted tiene en sus manos, de 2026), nos ayuda a entender más al prócer, al estadista, al político de mente brillante, a la vez que desvirtúa algunos mitos.

Es, sin duda, uno de los mejores ensayos escritos sobre José Cecilio del Valle.

La idea es publicar (siempre y cuando su familia esté de acuerdo) la totalidad de la obra de Eliseo Pérez Cadalso para que las nuevas generaciones lo lean. De esa forma rendimos un homenaje a un hondureño como pocos.

Rescatar el legado de aquellos grandes hombres y mujeres toma carácter de urgente, en especial en estos tiempos en los que la violencia se impone sobre la razón y la inteligencia.

Concluyo con un análisis de Helen Umaña sobre la obra del abogado Pérez Cadalso:

"Encasillar a Eliseo Pérez Cadalso dentro del criollismo es reducir el alcance de su obra. Sin lugar a dudas, él sucumbió a la fuerza que emanaba de la narrativa de la tierra. La mayor parte de sus textos así lo indican. Sin embargo, también recogió inquietudes que ya encaminaban la narrativa hondureña hacia nuevos derroteros".

ÓSCAR FLORES LÓPEZ
Editor Colección Erandique

NOTA INTRODUCTORIA

Este libro vio la luz pública por primera vez hace catorce años, o sea en 1954, en medio del aplauso de tirios y troyanos, quizá no tanto por su valor intrínseco, cuanto porque llenaba de una vez un vacío muy notorio en la historia de las ideas políticas. Lucía un hermoso prólogo de Jorge Fidel Durón, escritor y diplomático ampliamente conocido, quien por entonces rectoraba la Universidad Central de Honduras.

Maestros del buen decir, como Gregorio Marañón y Alfonso Reyes; juristas eminentes como José Joaquín Caicedo Castilla y Ramón Ernesto Cruz, y periodistas de nombradía internacional como Carlos Enrique Paz Soldán y Alfonso Rumazo González, le dieron jubilosa bienvenida, honrándonos más allá de nuestros pobres merecimientos.

No debe extrañar, por ende, que antes de transcurrir el año, la edición de que hacemos mérito estuviera agotada por completo.

Como se puede apreciar, la materia prima de este ensayo es el pensamiento vivo de José Cecilio del Valle, prócer de la Independencia centroamericana; científico y humanista que incursionó victoriosamente en varias zonas del conocimiento, habiéndose ganado la estima y el aplauso de los más grandes sabios del siglo XIX, sin excluir a Humboldt y Bentham, quienes trabaron con nuestro compatriota un rico diálogo epistolar; precursor de principios y causas inmortales como la no intervención, la libertad de imprenta, de enseñanza y de trabajo, así como la igualdad soberana de los Estados y la igualdad política y civil de hombres y mujeres, de indios, blancos y negros; y precursor también de ciencias que por entonces no figuraban como entidades autónomas, verbigracia el Derecho Internacional Americano, el Derecho del Trabajo, la Sociología, el Indigenismo y la Homicultura.

La cálida acogida que recibió esta obra radica principalmente en el auge progresivo del Sistema Interamericano, definido por Valle, desde 1822, como la colección ordenada de reglas y principios que rigen la vida de las naciones de este continente para fines de defensa, bienestar y progreso, lo que en otras palabras equivale al mandamiento de convivencia fraterna al amparo del Derecho.

Así las cosas, el pensamiento de aquel vidente, lejos de sufrir mengua con los impactos del tiempo, se afianza y se agiganta cada día, precisamente porque él no escribió para su época sino para la posteridad, y es ahora cuando recién se le comienza a hacer justicia.

A decir verdad, bien poco es lo que se sabía hasta hace algunos años acerca del Apóstol, ya que la única fuente de información era la biografía que en 1882 escribiera don Ramón Rosa, la cual, no obstante su indiscutible calidad literaria, adolece de errores y omisiones, debidos no solamente a la urgencia con que fue hecha sino también a las circunstancias que rodeaban la vida centroamericana de entonces, en modo alguno propicias al plan de efectuar una exhaustiva investigación del inmediato pasado.

EDITORIAL Y LIBRERÍA MOLINO, fiel a sus responsabilidades para con la Patria y la Cultura, ha patrocinado una nueva edición de "Valle, Apóstol de América", con miras a que circule en este mes de la Independencia, como un tributo más a la memoria de aquel egregio centroamericano, quien, por medio de la tribuna parlamentaria, del periódico y la cátedra, difundió los fulgores de su mente superior, irradiando erudición no solo en su nativo lar sino también en México, país donde ocupó la Secretaría de Relaciones Exteriores e Interiores, en los últimos días del Imperio de Iturbide.

La figura de Valle se va ensanchando progresivamente hasta alcanzar dimensión universal. Para el caso, en la Academia de Derecho Internacional de La Haya, sus escritos han sido materia de estudios especiales, y otro tanto ha ocurrido en prestigiosas universidades así del Viejo como del Nuevo Mundo; varias reuniones y conferencias internacionales le han expresado su admiración y reconocimiento, y son ya numerosos los monumentos, bustos y retratos que, loándolo, se yerguen en plazas públicas, bibliotecas, escuelas y paseos, a lo largo del Hemisferio Occidental.

La Cátedra Valle, propuesta por nosotros en la nota introductoria a la primera edición de este libro, tiende a ser actualmente una hermosa realidad, por lo menos en el ámbito hondureño. Falta ahora que la adopten las hermanas repúblicas del Istmo.

Igualmente provechoso sería crear la Condecoración "José Cecilio del Valle" para otorgársela a hombres de Estado, científicos y humanistas, que realicen obra digna dentro de las disciplinas que el Sabio solía cultivar con su fe de precursor e inspiración de patriota.

Eliseo Pérez Cadalso

CAPÍTULO I: EL GRAN CHOROTEGA

HOMBRE Y PAISAJE

Cortando la ciudad de Choluteca, en la República de Honduras, corre la Carretera Panamericana, con insólita fiebre de horizontes.

Sobre un río caudaloso que responde por la vida de aquellos habitantes, tiéndese un puente colgante, de trescientos metros de extensión, ante el cual se detienen los viajeros, por ser un vaso de paisaje y placidez en la arteria aorta de un continente que tiene forma, nombre y contornos de mujer.

Esa prodigiosa región de Honduras, donde el hombre aprende el alfabeto de los astros en la pizarra de un cielo amigo, dio albergue en pasados siglos a la cultura chorotega, subsidiaria de la maya.

Cabe la margen derecha del Río Choluteca, yacen hoy ciertas ruinas llamadas de Guzmán, de auténtica factura indígena, y en la ribera izquierda del mismo, se yergue como un himno hacia el futuro la joven metrópoli fundada por don Jorge de Alvarado, en 1534.

Tierra zurcida de caminos, arteriada de esperanzas, donde se amalgaman armoniosamente las realidades y los sueños. El hombre es allí sencillo y limpio, por la sola virtud del agro generoso. El grano abunda por doquier, presto a sofocar el menor asomo de necesidad. Los ganados se multiplican en considerable proporción y los recursos de todo género van almacenándose por la industria de los hombres y por la gracia de Dios.

Choluteca es la zona donde se identifican todas las categorías del paisaje. De la costa a la llanura, y de la llanura a la selva insobornable.

La costa con sus embrujos ejerce una atracción perenne. Rica zurcedumbre de leyendas la que puebla el alma de los pescadores. Fiebre de litorales. Densos vapores de modernismo en los balnearios. Cuentos de sirenas y piratas. Visión de lejanos barcos cepillando la distancia. En fin, sueños de yodo y sal. Infinitud por doquier.

En la llanura magnífica, "toda horizontes como la esperanza, toda caminos como la voluntad", encontraréis ejércitos de jicarales, guardianes de esmeralda, árboles pequeños de follaje perpetuamente verdecido, que sirven como postas en la infinita soledad de los caminos. De ancha sombra generosa, abren su paraguas sobre los viandantes cuando los soles del verano fustigan las espaldas de la tierra.

Aquí el ganado vacuno y caballar, doméstico o salvaje, formando masas intérminas bajo la bendición del atardecer. La pealera de los campistas cae directa y certeramente sobre el cuello de las bestias, sembrando cicatrices en el viento. Y el tigre feroz y artero, derritiendo la moral de los terneros; y la serpiente de cascabel, embajadora de la muerte, haciendo sonar sus lúgubres anillos y... La selva con sus árboles gigantes, generadores de extrañas voces. Teatro donde la noche ensaya su diapasón de infierno. La selva, donde la Siguanaba entona su eterno llanto cabe la paz de las quebradas. La selva donde el misterio se ovilla y el silencio anda desnudo. La selva que devora y enloquece...

Y en medio de ese concierto de categorías, el pino como un señor del paisaje. El pino, árbol nacional. El pino que es el amigo del hombre; mejor dicho, es el hombre en forma de árbol. El pino, hermano nuestro desde la cuna hasta la tumba.

Pues bien: en el ombligo de esa tierra milagrosa nació José del Valle. Valle es un auténtico precursor del Panamericanismo como sistema de convivencia entre los pueblos del Hemisferio. Y, por una feliz coincidencia histórico-geográfica, la Carretera Panamericana, columna vertebral de la amistad entre las veintiuna repúblicas[1], hubo de pasar por Choluteca, la amada ciudad que gestó en su vientre al más inteligente de los centroamericanos.

La infancia del Apóstol discurrió en su nativa tierra; tierra para forjar visionarios, por la virtud de sus mirajes inconmensurables; tierra para tallar hombres de bien, porque la ley cristiana impera allí por sobre todas las cosas; para encender la tea del ideal con los soles del trópico, y, en fin, para modelar caracteres afirmativos en la palabra y en la acción.

Del viejo tronco ibérico venía la sangre de sus mayores. Entre sus parientes contemporáneos, también nativos de Choluteca, figuraban otros prohombres de Centroamérica, como Dionisio de Herrera, quien

---

[1] Cuando se hizo la primera edición (1954), eran 21 países los que constituían el Sistema Interamericano. Hoy se han independizado 4 más, dos de los cuales ya pertenecen a él.

fuera Jefe de Estado en Honduras, El Salvador y Nicaragua; Próspero de Herrera, Ministro Plenipotenciario de Centroamérica ante varias potencias europeas; y José Justo Herrera, también Jefe de Estado de Honduras.

Tallado en arcilla prócer, ardidas sus pupilas con la luz del patriotismo, era de esperarse que el joven Valle alcanzara en no lejano tiempo el liderato de las más grandes causas que han palpitado en el Istmo.

Niño aún, partió hacia Guatemala, Capitanía General del Reino, en busca de las voces redentoras.

La muy ilustre Santiago de los Caballeros polarizaba entonces todas las corrientes ideológicas y su veneranda Universidad, San Carlos Borromeo, esparcía su luz manumisora sobre todos los pueblos del Caribe.

Huelga decir que sus estudios fueron una vía láctea. Todos los honores posibles llegaron hasta el bisoño chorotega. En 1803 ganó su título de Abogado, pasaporte con el cual tuvo acceso a las más encumbradas posiciones. Por ese tiempo comenzaron a circular varios escritos del novel economista y sociólogo, escritos que, por la profundidad y la orientación de sus ideas, planteaban claramente la necesidad de nuevos regímenes de Gobierno, más a tono con la realidad ambiental.

En vista de eso, el Gobierno español, queriendo ganarse la voluntad del nuevo patriota, cuyas ideas en favor de la independencia eran harto conocidas, le ofreció varios puestos de importancia. Valle comprendió perfectamente que, en medio de la efervescencia que comenzaba a dibujarse, la manera más efectiva de sobresalir personalmente y de servir los intereses de la causa era aceptar las ofertas de la Corona. Con lo primero lograba la nombradía y la autoridad necesarias para utilizarlas cuando el movimiento separatista cobrara suficiente vigor; y con lo segundo, tenía en sus manos la oportunidad de vincularse a los procedimientos usados por el arcaico régimen, observando de cerca sus graves deficiencias y sus puntos débiles, forjando al mismo tiempo las más temibles armas para efectuar el ataque.

En este orden las cosas, tenemos que en 1805 recaen en su persona nombramientos de Diputado Interino de la Comisión Gubernativa de

Consolidación; Defensor de Obras Pías y Censor de La Gaceta. Más tarde fue Asesor del Consulado de Guatemala y, en 1807, Fiscal del Juzgado de los Reales Cuerpos de Artillería e Ingenieros del Reino, y luego Asesor de los mismos Cuerpos. La mayor parte de estos cargos fueron desempeñados gratuitamente, pues antes que todo, lo que movía su entusiasmo era el conocimiento de la cuestión administrativa.

Desde el momento de la oferta, Valle comprendió que no era por afecto que se le llamaba, sino por temor. El Gobierno se proponía neutralizar la acción disolvente de sus escritos. El no aceptar implicaba desobediencia, y la desobediencia en estos casos, sabe Dios cómo se castigaba. Por otra parte, desde esos altos destinos a él confiados, podía favorecer a todos aquellos convictos de conspirar contra la estructura del régimen constituido. Como Fiscal, sus dictámenes se ajustaron siempre a las necesidades de Centroamérica; y como Censor de La Gaceta, dejó pasar todas las ideas de aquellos que ansiaban fervorosamente la independencia patria[2].

Y desde ese instante, en que comienza su labor en los cargos ya citados, se inaugura el político, es decir, el hombre que ya no solo juzga los hechos sociales desde el punto de vista científico. El político

---

[2] Don Ramón Rosa, en su famosa Biografía de Valle, censura a éste por haber aceptado el cargo de Censor de La Gaceta, atribuyéndole actuaciones obstruccionistas a la causa de la libertad. En tales afirmaciones el Dr. Rosa peca de inexacto, pues, a despecho de que no aporta prueba alguna en apoyo de su aserto, existen numerosos documentos que dan fe de que Valle abogó en todo momento por la libre expresión. Sobre este particular, Virgilio Rodríguez Beteta, jurista e historiador guatemalteco, en carta dirigida desde Washington a Jorge del Valle Matheu, el 11 de agosto de 1929, dice:
«...Cuando se hace la historia a la manera nuestra y a la manera de muchas otras partes, escribiendo sobre los hombres y juzgándolos antes que escribir y juzgar las multitudes, el ambiente y las circunstancias en que les tocó actuar, es muy fácil incurrir en juicios que distan mucho de la verdad. El mismo don Ramón Rosa, literato y pensador, en la Biografía de Valle, incurre en muchos errores de apreciación por no haberse percatado de estudiar cuidadosamente las circunstancias. Dice, por ejemplo, que se lamenta de que Valle haya aceptado el cargo de Censor de La Gaceta. Censor y Juez de Imprentas había sido Villaurrutia, el funcionario de más amplias miras y el más benéfico que nos mandara España. Él, siendo Censor de La Gaceta, disimulaba las libertades que se tomaban los escritores, los alentaba, y él mismo fue delatado ante las autoridades por la audacia de sus artículos...»

que calcula el efecto de cada paso. Sus escritos tienen la mesura y la cautela del hombre que va tras un fin. Valle es ahora el protagonista en escena frente a la opresión y la intriga; el caballero en fiera batalla contra el encapuchado de la ignorancia; el visionario contra las huestes de la reacción; el hombre de bien contra la horda pérfida. Valle es ahora el hidalgo que, si bien no puede devolver golpe por golpe en duelo contra el malvado, al menos ha aprendido a defenderse de sus zarpazos. Y ya lo veremos erguirse como un titán de las libertades, salvando a Centroamérica de sus cánceres internos y de las acometidas exteriores, y lanzar enseguida las proyecciones de su pensamiento sobre la suerte de la tierra americana.

En 1808, Valle aparece en una lista de patriotas a quienes les estaba prohibido recibir, sin previa censura, libros y publicaciones de ultramar. En esa lista negra figuraban también los nombres de Manuel José Arce, José Francisco de Córdova, Fray Antonio Larrazábal, Dionisio de Herrera, José Francisco Barrundia, don Pedro Molina, el padre José Matías Delgado y otros.

El año 1809, Valle viene desde Guatemala hasta Juayúa para reunirse con los sacerdotes José Matías Delgado e Isidro Menéndez, quienes a su vez procedían de San Salvador y Santa Ana, respectivamente. Allí, bajo una ceiba hueca, y en presencia de los señores Prado, que llegó de Chalatenango, y Salaverría y Larín, oriundos éstos del pueblo sede, cambiaron pareceres sobre la forma de activar la lucha independentista. Allí echaron las bases del movimiento que había de estallar más tarde (1811) en la capital salvadoreña.

CAPÍTULO II: VALLE, CEREBRO DE LA REVOLUCIÓN LIBERTADORA

"EL AMIGO DE LA PATRIA" Y "EL EDITOR CONSTITUCIONAL", PROCLAMACIÓN DE LA INDEPENDENCIA

Los propósitos de convertir a las colonias americanas en Estados soberanos comenzaron, debidamente organizados, con el siglo diecinueve. Si bien anteriormente se registran algunas insurrecciones, ellas no pueden admitirse como impulsos conscientes, pues unas veces obedecían a resentimientos contra la excesiva explotación de que eran víctimas los aborígenes, como la revuelta de los Comuneros de Nueva Granada en 1781, y en otras ocasiones encarnaban el deseo de restaurar regímenes indígenas como el del infortunado Tupac Amarú, en el Perú.

Un plan orgánico, animado de principios y con un equipo competente para vulnerar el poderío colonial, no existía hasta fines del siglo XVIII. Pero, filando la nueva centuria, con la sistemática infiltración de las ideas gestadas por la Revolución Francesa y la dura explotación de los indígenas, las arbitrariedades en la aplicación de las leyes y el espíritu aventurero tatuado por los conquistadores en el corazón de sus descendientes criollos; con la independencia de los Estados Unidos y el apoyo de potencias rivales de la Madre Patria, como Francia e Inglaterra, que aspiraban al libre mercado en este continente, y merced a otras causas concurrentes, aparecieron a través de toda América, como eslabones de una misma cadena, brotes sediciosos para obtener la libertad de estos pueblos.

El Derecho Indiano, elaborado especialmente para regir la vida de estas colonias, era por la solidez de sus principios y la justicia de sus instituciones, monumental, perfecto. Abarcaba todos los órdenes de la vida: el político, el fiscal, el cultural y el económico. No obstante su perfección, estas leyes elaboradas en gabinetes lejanos, ausentes de nuestra realidad, tenían que ser marginadas, por llevar el pecado en su propia virtud. Y las instituciones que debían llenar un ancho cometido social en favor de las clases explotadas, verbigracia los Resguardos de Indígenas, que consistían en localidades administradas por condominio de muchas familias a base de línea materna, devinieron instrumentos dañinos para la colectividad.

La encomienda era otro instituto de derecho indiano, creado para el mismo fin. No obstante, por sus resultados prácticos, los sociólogos y los historiadores concluyen que es la encarnación del feudalismo medieval. Aparece en nuestros días la referida encomienda como la negación más rotunda de los derechos humanos.

En el escenario de entonces cobraron relieve cuatro categorías, bien diferenciadas en función del propósito libertador: los españoles, que en Centroamérica ejercían una potestad inconstrastable por su número; los criollos hijos de españoles, nacidos en estas tierras; los indígenas, que formaban la masa amorfa, sin deseos de independencia, pues para ellos era igual lo uno como lo otro; y finalmente, un grupo compuesto por los negros traídos a instancia de Fray Bartolomé de las Casas para sustituir a los aborígenes en el rudo trabajo de las minas, y los tipos resultantes del cruzamiento de los blancos con las otras razas, como zambos, mulatos y mestizos. En cuanto a castas, jugaron cartas importantes los sacerdotes y los militares. Estas castas, a la altura del siglo diecinueve, se integran mayoritariamente con elementos criollos saturados de savia libertadora, y he ahí por qué, al practicarse el balance y la liquidación de la campaña, el clero y la milicia reportaron honrosos dividendos, siendo entonces cuando quizá alcanzaron su mayor grado de dignificación, pues, a despecho de gremios tradicionalmente inclinados a oprimir, actuaron esta vez como portaestandartes de la emancipación.

Los criollos fueron los verdaderos autores de la independencia. Criollos eran Bolívar, San Martín, Valle, Iturbide y casi todos los directores de la revolución manumisora. Su sangre hispana era el pasaporte para ilustrarse en universidades tanto europeas como americanas, habiendo ganado la mayor parte de ellos una sólida cultura humanística.

La voz de los enciclopedistas halló el mejor de los ecos en el ardiente corazón de aquellos héroes, quienes, frente al panorama de sus aplastadas nacionalidades, levantaron el estandarte de la reivindicación. Contaban para ello con las clases oprimidas como los indígenas, los negros y demás trabajadores, a quienes ofrecían la libertad a cambio de su lucha. Los militares y los sacerdotes que no gozaban de las prerrogativas de sus jerarcas, también ofrecieron enrolarse en las nacientes milicias con la esperanza de mejor suerte. Y así por el estilo, la masa en general experimentaba un deseo inconcreto de liberación, porque la atmósfera apestaba. En suma, la cuestión era cambiar de régimen; ver caras nuevas en los puestos directivos del Gobierno.

Los criollos, con raras excepciones, jamás llegaron a ocupar cargos de importancia durante la Colonia. Se les tenía desconfianza, pues en dichas funciones y fuera de ellas no perdían oportunidad para minar los cimientos del ya carcomido sistema. Los criollos amaban de corazón esta tierra, porque en ella nacieron. La tierra es el imperativo categórico del hombre. La tierra convierte a éste en un ente seguro, fuerte, invencible. Fuera de ella, todo se nos escapa. Y he ahí por qué los criollos, a pesar de las persecuciones y torturas de que eran objeto, ganaban terreno cada día, dilatando el horizonte de la causa emancipadora. Estaba, pues, preparado el escenario para lo que en términos de actualidad vendría a llamarse "operación independencia", esto es, la gran cruzada por la libertad. Y de todos es sabido que la Conquista y la Independencia de América son, después del Cristianismo, las hazañas más grandes en la historia del hombre.

El sistema fiscal de España en las colonias adolecía de graves defectos. Estábamos en los albores del siglo diecinueve, y aún la Madre Patria seguía proyectando sobre América los resplandores de la doctrina mercantilista.

Imbuida en la idea de que solo el oro, la plata y las piedras preciosas constituyen riqueza, descuidó por completo la actividad en otros terrenos, y consagró la flor y nata de sus posibilidades en la búsqueda de los metales. Colón dijo cierta vez que el oro abría todas las puertas, inclusive las del Cielo.

Y en tal forma presidía esta corriente el ánimo de entonces, que los sacerdotes aprovecharon a las maravillas el asunto, expoliando al pueblo de la más sangrienta manera. Impuestos vergonzosos como los diezmos y primicias, derechos de estola a favor de las sotanas, derechos para salvar el alma del demonio, contribuciones para la Virgen tal, aportes para ésta y aquélla celebración, en fin...

Como secuela indudable de esta conducta, los indios y demás habitantes del Continente fueron dedicados a las minas, donde morían por millares. Si aún a la altura de este tiempo el trabajo minero representa el más cruento de los esfuerzos, ya podéis imaginaros cómo sería entonces, sin aparatos de precisión y de defensa, sin leyes protectoras del trabajador y sin la atención del Estado en todos los aspectos de la actividad.

A tal grado llegó la pasión por las minas, que hasta un voluminoso Código se redactó en la Madre Patria, reglamentando su explotación.

La agricultura fue descuidada por completo. Y la cosa no acaba ahí: hubo estancamientos y prohibiciones respecto de algunos cultivos. La viña y el olivo fueron proscritos, dizque para evitar la competencia de estas regiones con España. El tabaco fue objeto de reglamento. Y se registraron casos en que el Gobierno limitara la siembra de esta planta hasta cierto número de matas (*).

Cuanto al comercio, debemos recordar que España cerró herméticamente las puertas al tráfico con las demás naciones.

He ahí por qué, durante la Colonia, estados como Inglaterra, Francia, Holanda y otros armaban barcos en corso para vulnerar el poderío comercial de España. Y buen número de piratas, actuando por cuenta propia, infestaron estas costas, sembrando el terror y la desolación e impidiendo el progreso.

La cosa va para más: en Centroamérica sufríase en grado superlativo la crisis del comercio. El istmo de Panamá permaneció cerrado, por temor a la competencia de factorías inglesas, francesas y holandesas, instaladas en las Antillas. El comercio con esta garganta de los Continentes se operaba, de manera general, por el Estrecho de Magallanes, y esa tardanza era en extremo desventajosa.

Es apenas natural que, tan pronto como empezó a gestarse la revolución libertadora, los países interesados en mantener el tráfico con estas colonias ofrecieran gustosos su contingente para que las mismas lograran su autonomía. Bolívar estuvo algún tiempo en las Antillas y desde allí lanzó su Carta de Jamaica; luego tocó tierra firme, trayendo armas y dinero facilitados por manos extranjeras. Ya Francia, con anterioridad, había asumido esta conducta, ayudando a los Estados Unidos en contra de Inglaterra; los Estados Unidos impulsaron más de una vez la suerte de estos pueblos, e Inglaterra favoreció mayormente la independencia, pues era la más ardiente rival de la Madre Patria.

España estaba ciega. Ciega de riqueza y de poder en las primeras centurias; y —fenecidos el poder y la riqueza— ciega de prejuicio y de orgullo en los siglos posteriores. Sus comisionados carecían del juicio necesario para dar una relación clara de los hechos. No podían estimar que estos brotes simultáneos, en Quito y en Buenos Aires (1809); en México y Venezuela (1810); en San Salvador, Tegucigalpa y León (1811); y así por el estilo a través de toda Hispanoamérica, formaban la línea isoterma de la rebeldía; que en vez de una revuelta intestina, estaba prosperando una revolución económica y social, con filosofía propia y con un equipo de hombres audaces, inspirados, inteligentes y generosos.

Y como palmaria demostración de esta ceguera, seguían aplicándose las mismas leyes que al principio de la Colonia. Un escritor del siglo pasado, don J. M. Samper (*), nos hace una descripción de los gravámenes que pesaban sobre el pueblo, gravámenes que son suficiente motivo para dar en tierra con opresión semejante:

"Tal parece como si el Fisco, animado por un genio maléfico, no hubiese sino tenido el propósito de estancar toda fuente de riqueza. Él perseguía la propiedad, la producción, el simple trabajo, como se persigue a los animales dañinos; y lo hacía muchas veces de un modo tan mezquino, que gravaba mil pequeñas nadas con impuestos insignificantes, cuyo producto era absorbido por los gastos de percepción, sin provecho ninguno para el Fisco mismo, pero con gran detrimento de la sociedad."

Que nuestros lectores juzguen simplemente por la siguiente lista abreviada de las más notables imposiciones, de las cuales unas estaban destinadas a nutrir el tesoro de la Madre Patria, otras a sostener los gastos generales de las colonias, otras al servicio municipal y no pocas —y bien sustanciosas— en beneficio del clero. Los principales ramos de imposición eran: las aduanas sometidas al régimen del monopolio semioficial y de la exclusión de toda importación no española; las alcabalas o derechos sobre toda clase de compras o ventas; los impuestos sobre las sucesiones, en cuotas diversas según la naturaleza de los herederos; los derechos de almotacén, basados en el uso forzoso, para todas las transacciones, de los pesos, pesas y medidas oficiales; los quintos de fundición, enorme impuesto que pesaba sobre la producción de oro y plata; el tributo, que bajo la odiosa forma de capitación, abrumaba a los indígenas; los diezmos y primicias, impuestos crueles, exorbitantes, que gravaban la totalidad del producto agrícola y pecuario, es decir, capital, trabajo y renta, y muchas veces gravaban la pérdida en vez de la utilidad, prestándose, por otra parte, a los abusos más odiosos y funestos; los derechos de registros y anotaciones; los derechos por razón de oficios o industrias, títulos profesionales, títulos de minas y tierras, títulos de empleos, etc.; el papel sellado obligatorio para todos los actos oficiales y la mayor parte de los contratos o actos privados, con una escala de precios muy subidos; los derechos de consumo que gravaban la vida en sus más imperiosas necesidades; los peajes y pontazgos sobre caminos y puentes, construidos gracias al trabajo personal, forzado y gratuito de los ciudadanos y los indios; los proventos de multas, ventas de empleos, sisas de todo género, más o menos inmorales y odiosas y otras menudencias; el monopolio del cultivo y venta del tabaco; el de la fabricación y venta de naipes; el de la propiedad de las minas de plata, esmeraldas, azogue y otras materias; el de todo servicio de correos; la renta proveniente de la amonedación, de la venta de tierras baldías, de los bienes mostrencos, etc. Agregad a todo ese conjunto un enjambre de impuestos municipales de diversas formas, tales como: los propios, derecho sobre tiendas, puertas, ventanas, mercados a cielo raso, etc.; el impuesto directo para apertura de caminos, sobre los vecinos pudientes; el trabajo personal subsidiario, especie de corvea, exigido a los proletarios sin indemnización alguna, para atender a los mismos caminos; los derechos de puertos, tránsitos, pasaportes, licencias para fiestas, bailes y mil cosas. No acabaríamos al querer continuar la nomenclatura. Pero lo peor de todo no eran los impuestos, tan gravosos, complicados y absurdos de por sí. El mal se agravaba infinitamente con el sistema de administración, el más arrevesado que podía darse. Unos ramos eran administrados directamente por el tren de empleados y otros se hallaban sujetos al sistema de remates en la almoneda pública. ¿Según qué reglas se hacía la distribución?... Según la regla del empirismo. El Gobierno tenía el singular talento de trocar los frenos: administraba directamente los estancos, las aduanas y todos los ramos sujetos a una tarifa de derechos o valores más o menos precisa; mientras que arrendaba o ponía en remate los ramos que, no teniendo tarifas determinadas, se prestaban, en manos de los rematadores, a ser objeto de mil abusos y una explotación inhumana, como los diezmos por ejemplo. Procedía, pues, en un sentido diametralmente opuesto al que aconsejaba su propio interés y el de los contribuyentes".

Las masas indígenas no tenían concepto alguno sobre la trascendencia de la revolución. Las más de las veces acuerparon a los criollos, no obstante que algunos esclavos, por gratitud o temor hacia sus antiguos amos, fueron carne de cañón al servicio de los opresores. Al tiempo de asomar los impulsos libertarios, los indios nada habían ganado en alfabeto. Antes peor, retrocedieron bajo el yugo de la esclavitud y la ignominia. Porque es justo recordar que los conquistadores hallaron en estas tierras civilizaciones grandiosas, como las de Cuzco y Palenque, de Tihuanac y Copán, cuyas proyecciones aún iluminan el camino de las presentes generaciones.

Este era, a grandes rasgos, el cuadro general de la situación, cuando los patriotas centroamericanos iniciaron su campaña, de palabra y por escrito, al amparo de la relativa amplitud que dejaba la nueva Constitución de las Indias de 1812, restablecida en 1820.

José Cecilio del Valle no figura entre los patriotas que promovieron movimientos sediciosos, porque él era hombre de estudio y no demagogo, y porque, como sujeto de reflexión, conocedor de las leyes que regulan las transformaciones de la sociedad, comprendía que dichos movimientos estaban condenados a abortar por la ausencia de lógica en los planes y la falta de preparación intelectual de sus autores. Así se lo enseñó aquella experiencia de Juayúa en 1809.

Muchos de esos criollos ilusos y bravíos fueron a dar con sus huesos en las cárceles, sufriendo torturas y llegando hasta la muerte.

Valle, desde su elevada posición y con la influencia que tenía, ayudó en muchos casos a estos apóstoles en ciernes, consiguiéndoles la libertad o la rebaja de sus condenas. Mientras tanto, desde allí, atisbaba como buen artillero los puntos vulnerables del régimen para, en el momento oportuno, asestarle el golpe de gracia.

Efectivamente, cuando don Pedro Molina fundó El Editor Constitucional, de ideología independentista, Valle hizo tribuna desde El Amigo de la Patria. Molina era radical; Valle moderado. Molina era el soñador atrevido; Valle el humanista sereno. Molina quería la libertad de modo automático; Valle abogaba por la autonomía gradual, considerando el atraso de nuestros pueblos, entumecidos por el borceguí del oscurantismo. Ambos amaban con pasión su hermosa tierra y lucharon con todas sus fuerzas para crear la República y engrandecerla. Mas, el tiempo ha venido a confirmar la tesis de Valle. De haberse atendido los dictados de su voz profética, se habría evitado el martirologio de Centroamérica.

En El Amigo de la Patria, primero, y en El Redactor General, después, Valle publicá trabajos de una profundidad que causa asombro a medida que corren las edades. Son verdaderos estudios de Sociología, Economía, Filosofía de la Historia, según podrá apreciarse a través de este ensayo. En los Diálogos, sostenidos alrededor de la independencia de América, Valle pone en boca de Rousseau la réplica a Colón:

"Fuiste el primer descubridor. Pero tu descubrimiento fue funesto para la especie entera. Los españoles, los ingleses, los portugueses, los franceses, los rusos, se volvieron conquistadores inhumanos. La fuerza holló todos los derechos, sacrificó lo más sagrado. Un mundo entero fue víctima de la ambición y la codicia. Epimeteo abrió la Caja de Pandora, y todas las enfermedades que afligen al hombre salieron de ella y se propagaron por la tierra. El europeo abrió los minerales de la América, y el oro y la plata, derramándose por el mundo, corrompieron a todos los hombres".

En el diálogo entre Montesquieu y Hernán Cortés, el primero increpa con sarcasmo al segundo: "A la América se han hecho los bienes siguientes: 1°—Se mataron más de quince millones de indios, asolando más de diez reinos mayores que toda España; 2°—Se destruyeron los gobiernos que tenían establecidos en el centro de sus mismas naciones, y se les sometió a un gobierno distante, separado de ellos por la inmensidad del océano. 3°—Se hizo merced de los que quedaron vivos a los Adelantados o cabos o encomenderos para que fuesen vasallos suyos y tributarios; 4°—Se les mantuvo en pupilaje e ignorancia perpetua, prohibiendo que viviesen en sus pueblos los individuos de clases que podían civilizarlos, y haciendo que la América fuese, en la extensión de la tierra, un pueblo aislado, sin relaciones con los demás del mundo. 5°—Se les condenó a trabajos destructores; no se les permitió el uso de artículos que podrían enriquecerlos; se les prohibió la industria fabril que pudiera disminuir sus miserias, y se les negó la facultad de montar una caballería. 6°— Se les enviaron presos criminales para que fueran pobladores de sus tierras y corruptores de sus costumbres...".

En el diálogo entre Carlos I y Carlos III de España, sobre la inminente independencia de América, Valle hace decir al segundo: "Las Indias fueron en lo más secreto de mi Gabinete el objeto más constante de mis pensamientos y los de Floridablanca. No hay asunto que me haya ocupado más tiempo. Pero es preciso confesarlo. Los intereses de España no pueden conciliarse con los de América. La ilustración es el origen primero de todo bien. Si se protege en España, pasará el Atlántico y hará que los indios vean claros sus derechos. Si se prohíbe en la Península, se hará la infelicidad de los españoles y los americanos. Conozcamos la verdad. Una nación no puede estar por muchos siglos sometida a un Gobierno lejano. Es luchar con la naturaleza que la ha separado por océanos o montañas. Gobernándola con los rigores del despotismo, se irrita, y rompe enfurecida las cadenas de la opresión. Administrándola con justicia, se ilustra y proclama su libertad. España gobernó con dureza a las provincias unidas; estableció en ellas la Inquisición; dio el mando a Alba, y al fin gritaron la Independencia en 1579. Inglaterra dio a sus colonias instituciones liberales; les comunicó luces; les enseñó fueros; y los angloamericanos se proclamaron independientes en 1776. Si es necesaria la separación debe elegirse el plan más humano y justo. Si no es posible hacer infeliz al americano sin hacer desgraciado al español, debe procurarse la felicidad de uno y otro. La independencia no será entonces la reacción del oprimido que se vuelve con saña contra su opresor. Será la emancipación del hijo que, llegando a la edad viril, se aparta de la casa de su padre, reconocido a la beneficencia que supo darle educación y fuerzas".

Y, finalmente, del diálogo entre Filántropo y Palemón, entresacamos la afirmación que como una ley descarga el primero:

"La independencia de una nación regida por gobierno lejano es ley de la naturaleza, tan constante como las demás del mundo físico".

Con sesudos estudios sobre Economía Política, Estadística, Sociología y Derecho Constitucional, Valle fue echando las bases de la nueva República. Propendía ante todo a la capacitación económica de estos pueblos. Sabía que la independencia política es pura fórmula si no va respaldada por la independencia económica. Y esa obra menos oropelesca pero más edificante fue la credencial de nuestro Sabio, en los momentos más difíciles, para ser ungido como el faro de la Revolución libertadora.

La independencia sobrevino sin disparar un cartucho. La tolerancia de los dos últimos Capitanes Generales auspició el ardor de los criollos, cuya vorágine arrastró a las masas iletradas. El 15 de septiembre de 1821, los radicales obligaron a las autoridades a admitir la independencia. España estaba de espaldas, atendiendo a insurgentes más temibles, como México, Buenos Aires y Nueva Granada.

Valle, el visionario, no se entusiasmó con pueril delirio como los radicales intransigentes, quienes con aquel paso creían tener a Dios entre las manos. Valle sabía que la pasión es siempre mala consejera y que grandes amarguras gravitarían muy pronto sobre la nueva Patria. Creyó del caso hacer las advertencias pertinentes en pro de mejor suerte para Centroamérica; mas, frente a lo irremediable, hubo de exclamar: "Hágase, Señor, Tu Voluntad".

Y por encargo unánime de los próceres, procedió a redactar el Acta de Emancipación, cuyos puntos esenciales son los siguientes:

1°—Que siendo la independencia del Gobierno español la voluntad general del pueblo de Guatemala, y sin perjuicio de lo que determine sobre ella el Congreso que debe convocar el señor Jefe Político, la mande publicar para prevenir las consecuencias que serían temibles en el caso de que la proclamase de hecho el mismo pueblo.

2°—Que desde luego se circulen oficios a las provincias por correos extraordinarios para que sin demora alguna se sirvan proceder a elegir Diputados o Representantes suyos, y éstos concurran a esta Capital a formar el Congreso que deba decidir el punto de independencia general y absoluta y fijar, en caso de acordarla, la forma de gobierno y ley fundamental que deba regir.

3°—Que para facilitar el nombramiento de Diputados se sirvan hacerlo las mismas Juntas Electorales de Provincia que hicieron o debieron hacer las elecciones de los últimos Diputados a Cortes.

4°—Que el número de estos Diputados sea en proporción de uno por cada quince mil individuos, sin excluir de la ciudadanía a los originarios de África.

5°—Que las mismas Juntas Electorales de Provincia, teniendo presentes los últimos censos, se sirvan determinar según esta base el número de Diputados o representantes que deban elegir.

6°—Que en atención a la gravedad y urgencia del asunto, se sirvan hacer las elecciones de modo que el día primero de marzo del año próximo de 1822 estén reunidos en esta Capital todos los Diputados.

7°—Que entre tanto, no haciéndose novedad en las autoridades establecidas, sigan éstas ejerciendo sus atribuciones respectivas con arreglo a la Constitución, Decretos y Leyes, hasta que el Congreso indicado determine lo que sea más justo y benéfico.

8°—Que el señor Jefe Político, Brigadier don Gabino Gaínza, continúe con el Gobierno superior, Político y Militar, y para que éste tenga el carácter que parece propio de las circunstancias, se forme una Junta Provisional Consultiva, compuesta de los individuos actuales de esta Diputación Provincial, y de los señores D. Miguel Larreynaga, Ministro de esta Audiencia; D. José Valdés, Tesorero de esta Santa Iglesia; D. José del Valle, Auditor de Guerra; Marqués de Aycinena; don Ángel María Candina, y el Lic. D. Antonio Robles, Alcalde 3° constitucional, el primero por la provincia de León, el segundo por Sololá y Chimaltenango, el tercero por la de Comayagua; el cuarto por Quezaltenango, el quinto por Sonsonate, y el sexto por la Ciudad Real de Chiapas.

9°—Que esta Junta Provisional consulte al señor Jefe Político en todos los asuntos económicos y gubernativos dignos de su atención.

10.—Que la religión católica, que hemos profesado en los siglos anteriores y profesaremos en los sucesivos, se conserve pura e inalterable, manteniendo vivo el espíritu de religiosidad que ha distinguido siempre a Guatemala, respetando a los Ministros eclesiásticos seculares y regulares, y protegiéndoles en sus personas y propiedades.

11.—Que se pase oficio a los dignos Prelados de las Comunidades religiosas, para que, cooperando a la paz y sosiego, que es la primera necesidad de los pueblos cuando pasan de un gobierno a otro, dispongan que sus individuos, hermanados en el sentimiento general de la independencia, deben estarlo también en todos los demás, sofocando pasiones individuales que dividen los ánimos y producen funestas consecuencias.

12.—Que el Excmo. Ayuntamiento, a quien corresponde la conservación del orden y tranquilidad, tome medidas más activas para mantenerla imperturbable en toda esta Capital y pueblos inmediatos.

13.—Que el Señor Jefe Político publique un manifiesto haciendo notorios a la faz de todos los sentimientos generales del pueblo, la opinión de las autoridades y corporaciones, las medidas de este gobierno, las causas y circunstancias que lo decidieron a prestar en manos del señor Alcalde 1°, a pedimento del pueblo, el juramento de independencia y fidelidad al Gobierno americano que se establezca.

14.—Que igual juramento presten la Junta Provisional, el Excmo. Ayuntamiento, el Ilmo. Señor Arzobispo, los Tribunales, Jefes Políticos y Militares, los Prelados regulares, sus comunidades religiosas, Jefes y empleados de las rentas, autoridades, corporaciones y tropas de las respectivas guarniciones.

15.—Que el señor Jefe Político, de acuerdo con el Excmo. Ayuntamiento, disponga la solemnidad y señale el día en que el pueblo deba hacer la proclamación y juramento expreso de independencia.

16.—Que el Excmo. Ayuntamiento acuerde la acuñación de una medalla que perpetúe en los siglos la memoria del día QUINCE DE SEPTIEMBRE DE MIL OCHOCIENTOS VEINTE Y UNO, en que proclamó su feliz independencia.

17.—Que, imprimiéndose esta acta y el manifiesto expresado, se circule a las Excmas. Diputaciones Provinciales, Ayuntamientos Constitucionales y demás autoridades eclesiásticas, regulares, seculares y militares, para que, siendo acordes en los mismos sentimientos que ha manifestado este pueblo, se sirvan obrar con arreglo a todo lo expuesto.

18.—Que se cante el día que designe el señor Jefe Político una misa solemne de gracias con asistencia de la Junta Provisional, de todas las autoridades, corporaciones y jefes, haciéndose salvas de artillería y tres días de iluminación…"

EL APÉNDICE DE UNA ACTA

"En cada año que pasa, las fiestas patrias nos mueven a meditar sobre algunos puntos relacionados con la cruzada de 1821.

[3]Numerosas sugerencias nos trae, para el caso, la lectura del Acta de Independencia, documento redactado por el señor Licenciado José Cecilio del Valle, el varón más ilustrado de su tiempo y el más fuerte pensador que ha dado el Istmo a lo largo de su historia.

Nuestra Carta Emancipadora contiene dieciocho puntos, al pie de los cuales solamente se leen las firmas de Gaínza, Beltranena, Calderón, Delgado; Molina (don Manuel Antonio), los Larrave (don Mariano y don José Antonio), Rivera, Valle y Castriciones, Aycinena, Arroyave y los secretarios Romaña y Diéguez.

Con lista tan limitada se incurre, al parecer, en omisiones lamentables, ya que no aparecen los nombres de varios próceres cuya participación fue igualmente decisiva en el triunfo de la gesta libertadora. Así las cosas, muchos se preguntan por qué no suscribieron el Acta algunos próceres, entre ellos su propio redactor.

Pero las cosas quedan completamente claras examinando el documento original, donde, a continuación de los nombres mencionados, obra un apéndice que dice:

"Comunicada el acta precedente a los señores D. Miguel Larreinaga, D. José del Valle, Marqués de Aycinena, D. José Valdez, Lic. Antonio Robles y Dr. D. Ángel María Candina; y habiendo concurrido a prestar el juramento acordado, lo hicieron efectivamente en unión de los SS. individuos de la Excma. Diputación Provincial, del señor Alcalde Primero, señores Regidores Diputados y señores Síndicos.—Gavino Gaínza, Miguel de Larreinaga, José Cecilio del Valle, José Mariano Calderón, Manuel Antonio Molina, Matías Delgado, Mariano de Beltranena, Marqués de Aycinena, Antonio Robles, Antonio de Rivera, José Valdés, Ángel María Candina, Mariano de Larrave, José Antonio de Larrave, Isidoro de Valle y

---

[3] Bajo este título, y en el Diario «La Prensa», de San Salvador, publicamos en septiembre de 1900 el artículo transcrito, que es un complemento de las ideas anteriores.

Castriciones, Mariano de Aycinena, Pedro de Arroyave, Domingo Diéguez, Secretario."

A la sombra de semejante equívoco se han amparado quienes tratan de restarle méritos al Sabio Valle como prócer. Tal ocurrió hace dos años en Guatemala, cuando cierto funcionario de educación, con motivo de la semana cívica, se permitió la ligereza de librar una circular a las escuelas, ordenando que se excluyera del calendario nacional al ilustre hijo de Choluteca. Afortunadamente, el Ministro del Ramo, Licenciado Vicente Díaz Samayoa, intervino en el asunto desautorizando al funcionario en mención, mientras el Director de "El Imparcial", Licenciado David Vela, asumía la defensa del precursor panamericanista en forma digna de su memoria egregia, haciendo abortar así un nuevo intento del sectarismo aldeano.

Si por la firma del Acta hemos de medir los servicios prestados a la causa, tendríamos que arribar a la injusta conclusión de que José Francisco Barrundia, Pedro Molina, Manuel José Arce, José Francisco de Córdova, Mariano Gálvez y otros que tanto lucharan y padecieran por heredarnos una patria libre, sirvieron poco o nada a la sagrada Independencia. ¡Conclusión falsa de premisa falsa!

Sólo limpiando nuestro miraje de telarañas localistas; sólo juzgando a nuestros próceres con un criterio ecuánime, sin hacerlos entrar en pugilatos negativos; sólo viéndoles en conjunto como integrando un equipo en el cual cada uno tiene asignado su papel; sólo juzgando con la mente fresca —puesta la mano en el corazón— las circunstancias de aquella hora preñada de responsabilidades, solamente así podremos llegar a conclusiones sanas capaces de mostrarnos los caminos que nos reintegren a nuestra unidad original. Porque la integración centroamericana es un imperativo impostergable. Su devenir es indefectible, y en vez de ponerle obstáculos debemos prepararnos para afrontar sus consecuencias".

CAPÍTULO III: LA NOCHE DE CENTROAMÉRICA

ANEXIÓN A MÉXICO

Y así las cosas, mientras algunos abanderados celebraban la independencia al rumor de los festines, solo un hombre, cabizbajo en su gabinete de estudio, medía la trascendencia de tan importante paso. Una tremenda responsabilidad histórica pesaba sobre sus hombros. El futuro se cernía como una enorme plancha de acero. Y había menos probabilidades en favor de la nueva Patria, porque todos los factores histórico-económicos estaban en su contra.

El grito de independencia no daba en tierra con los arcaicos males de la Colonia. Valle sabía que no es con discursos ni con cartelones como se liquida un régimen de casi cuatro siglos. Quedaban fuertes reductos, difíciles de extirpar. Esas supervivencias estaban encarnadas en la nobleza, que aún no se daba por vencida, y en el clero superior, que desde ese instante miraba derretirse su poderío ancestral, merced a la nueva organización política.

Los indios constituían una densa milicia analfabeta, preparada tan solo para saber: "1° Que debían fiel y ciega obediencia al rey, su señor, y a todas las autoridades; 2° Que debían pagar religiosamente sus tributos; y 3° Que no había salvación posible en este mundo ni en el otro sin pagar diezmos y primicias a la Iglesia de Dios Nuestro Señor, y hacer muchas novenas, fiestas y rogativas, y contribuir con largueza a la fundación de capellanías y a la redención de las ánimas benditas. Por lo demás —dice Samper— el indio no sabía distinguir la mano derecha de la izquierda; no conoció jamás escuela ni cosa parecida y, en punto a religión, no adquirió en general sino supersticiones groseras y las prácticas de una idolatría bestial bautizada con el nombre de cristianismo".

Los criollos, verdaderos factores de la gesta emancipadora, no estaban capacitados para contrarrestar la avalancha de trastornos que pronto sobrevendría. Ellos representaban tan solo el entusiasmo, la intrepidez; contadas veces dieron testimonio de su serenidad y previsión. Comenzando porque desde el propio día de los sucesos aparecieron las divergencias y dificultades, originadas por las ideologías reinantes, y atizadas hábilmente por los enemigos que maquinaban desde las sombras. Los criollos eran un enjambre de ciudadanos inexpertos, en garras de los antiguos políticos, avezados al arte de engañar.

De entre esos nuevos hombres, solo uno exclamaba con voz profética: "Somos en el punto más peligroso. Nos hallamos en el período más crítico de los Estados. Vamos a formar nuevas instituciones, a hacer nuevas leyes, a crearlo todo nuevo".

Y más adelante: "Las clases que han gozado, ¿serán bastante justas para dividir sus goces con las demás? ¿Los que han sufrido serán bastante racionales para no excederse en sus peticiones?... La juventud, vana casi siempre y persuadida de un saber más grande que el que tiene, ¿respetará las luces de la experiencia juiciosa y previsora? ¿Los impostores de los pueblos olvidarán sus artes y sacrificarán a los del público sus intereses privados?"

Frente al mundo de fenómenos que en proyección vertiginosa pasaba ante sus ojos, pensando siempre en la Patria recién nacida, anémica y vacilante, hizo hincapié en la necesidad de atender la economía nacional como punto de partida en cualquier actividad. Valle, tiempo atrás —1812—, había fundado la Cátedra de Economía Política y desde entonces dictaba su enseñanza, una de las más fecundas en América. Sabía que el Acta de Independencia, en un pueblo de mendigos, era poco menos que papel mojado. "En la hacienda he visto siempre —decía— la columna de bronce en que debe descansar la Independencia".

Y cuando se trataba de la nueva legislación, el vidente chorotega aconsejó lo siguiente: "Es necesario preferir la forma de gobierno menos peligrosa en circunstancias tan críticas. Pero es necesario presentar un Plan que tienda al bien del máximo; es necesario formar una Constitución que haga felices a todas las clases; es necesario dictar leyes que ofrezcan iguales premios a méritos iguales, y solo tengan por mérito los servicios útiles al bien máximo; leyes que castiguen con iguales penas a delitos de una especie, y solo tengan por delito la violación de los derechos del hombre; leyes que no sean el voto de una clase sino la expresión de la voluntad general de los pueblos pronunciada por sus representantes".

Comenzaron a discutirse las leyes de la nueva República; mas el buen deseo de los unos y el cálculo de los otros; la falta de proporción de éstos y la intransigencia de aquéllos, fueron desnaturalizando el sistema de propósitos concebido con anterioridad. El panorama se oscurecía cada vez, sin esperanzas de arreglo.

Valle lanzó entonces su tremenda profecía:

"Pero las leyes no se forman entre los horrores de la discordia. Se meditan en el silencio de la paz, en el reposo del orden. Si en vez de pensar en nuestra común felicidad maquinamos nuestro mal recíproco; si en lugar de ocuparnos en los trabajos pacíficos de la legislación nos abandonamos a las disputas sangrientas de las divisiones intestinas, no gozaremos jamás de nuestra independencia; nos sacrificaremos unos a otros; y en medio de cadáveres, cansados al fin de derramar sangre, nos sentaremos sobre escombros y ruinas a contemplar las de Guatemala[4] y llorar nuestras desgracias. Sabedor de ellas, un aventurero, aprovechando esos momentos, vendrá a dictarnos leyes. Los pueblos debilitados, abatidos y degradados, no teniendo la energía necesaria para conservar sus derechos, sucumbirán indecorosamente a la fuerza del poder..."

Y el tiempo ha confirmado, punto por punto, la vigencia de su dicho. El calvario de Centroamérica comenzó cuando el Capitán General Gaínza recibió un despacho en octubre de 1821 firmado por Agustín de Iturbide, Emperador de México, en el cual se invitaba a estas provincias para unirse a aquel Imperio y formar un poder bajo el Plan de Iguala y los Tratados de Córdoba, aduciendo que nosotros carecíamos de la fuerza necesaria para repeler cualquier tentativa de reconquista por parte de potencias extranjeras. En dicho oficio comunicaba la próxima llegada de un ejército al mando del general Vicente Filísola, para proteger la suerte de estos pueblos.

Tenemos, pues, al mes de ser independientes, la presencia de la primera intervención armada. El militarismo, que, según la ruda expresión de un historiador, "es el chancro adquirido por la Patria en la noche voluptuosa de la Independencia", entra en la escena política para jugar una carta decisivamente funesta.

---

[4] En todos sus escritos, Valle llama Guatemala a Centroamérica.

La noticia del despacho de Iturbide alentó las ambiciones de los conservadores que, como el Marqués de Aycinena, solo esperaban una oportunidad tal para asestarle el golpe a la República. Comenzaron las maquinaciones, ya con la intriga, ya con la amenaza o sembrando el desconcierto y la desesperanza entre muchos criollos que, al luchar por la libertad, habían aspirado a posiciones relevantes y ahora se encontraban olvidados. Como si esto no fuera bastante, el expediente del ejército protector fue de una eficacia rotunda. Y como el pueblo no contaba en estas deliberaciones, fácil fue para los nobles consumar el patricidio. Ni siquiera se escuchó al Congreso, único capaz de resolver. Fueron las Municipalidades, a instancias del Marqués de Aycinena, las que decidieron la anexión al imperio mexicano. Y esta vez la voz de los patriotas recalcitrantes, los cacos, no tuvo el eco triunfal de otrora. Más bien fue la oportunidad donde ellos mismos reconocieron que al ardor de las ideas, sin el justo medio necesario, tan solo produce efímeras llamaradas.

Y aquí se yergue de nuevo la figura del hombre que, habiendo contribuido con su genio al nacimiento de la Patria, estaba dispuesto a darlo todo para verla crecer con dignidad. Veamos lo que dice Ramón Rosa, su ilustre biógrafo: Llegó al fin el día fatal del 5 de enero de 1822, día de tristísima recordación. Reunióse la Junta Provisional Consultiva, presidida por el Jefe Gaínza, y procedió a hacer el escrutinio y la regulación de votos. Resultó que algunos pueblos dejaban al Congreso la resolución sobre la anexión; que otros la querían simplemente; que otros la aceptaban bajo condiciones y que otros se conformaban con el voto de la Junta Provisional. A esta divergencia de opiniones se agregó que faltaba la votación de sesenta y siete ayuntamientos. En ocasión tan solemne en que todo era dudas y conflictos, y en medio de aquel conciliábulo infame, conjurado en daño de la Patria, Valle se elevó a grande altura, como amigo de la verdad y de los derechos de los centroamericanos; se opuso con toda la energía de su alma a la anexión, y en discurso brillantísimo, que por sí solo bastaría para inmortalizar su nombre, dijo, entre otras cosas, a los enemigos de la independencia:

"Guatemala, colocada en la posición más feliz de la América, extendida sobre un área de ciento cincuenta mil millas de tierras de diversos grados de temperatura y fertilidad, y poblada de dos millones de individuos de diversos talentos y aptitudes, tiene los elementos más preciosos de actividad; las semillas más fecundas de riqueza; los principios más activos de lo grande. Bien administrada por un Gobierno que quiera, sepa y tenga las facultades precisas para desenvolver aquellos gérmenes, Guatemala no solo puede ser nación independiente, sino rica, fuerte y poderosa. Pero mal administrada por un Gobierno que no quiera, o no sepa desarrollar sus elementos, Guatemala no podrá ser pueblo independiente ni libre, grande ni rico. Ved esas tierras tendidas, fértiles y bien situadas. Serán jardines si el propietario quiere y sabe labrarlas. Serán malezas, abrojos o gramas si no tiene voluntad ni pericia para cultivarlas. Mirad a ese joven robusto y bien dispuesto para recibir la educación más feliz. Será pequeño si su protector no quiere que sea grande; pero será sabio si su maestro quiere que sea ilustrado. Un pueblo de dos millones de habitantes, colocado en lo mejor del nuevo mundo, tiene principios o recursos que no temo llamar inmensos. Se acaba de proclamar, con todos los acentos de la alegría, con todos los idiomas del gozo, su libertad e independencia absoluta. ¿Podrá pensarse que quiera perderla ahora que empieza a gustarla? Los hombres de Guatemala son como los de Chile, los de Buenos Aires, los de Perú, los de Colombia y los de México. Quieren ser independientes, y tendré por mentirosos a los que supongan en ellos voluntad contraria; no hablan lo que no sienten o han perdido la razón, los que dicen que aman la esclavitud. Si en diversas actas distintos Ayuntamientos declaran que quieren perder su independencia y estar sometidos a México, yo no inferiré, a pesar de esto, voluntad positiva de esclavitud. Diré que ha habido movimiento o intrigas subterráneas; diré que los municipales han sido sorprendidos; diré que por una parte se les ha anunciado que vienen de México ejércitos numerosos y bien disciplinados, y que por otra se les ha manifestado que el Capitán General, que tiene las fuerzas de esta nación, quiere que Guatemala esté sometida a México; diré que, poniéndoles en posición tan violenta, no han tenido voluntad libre y espontánea; diré que ignoran los principios del Derecho Público, y que los Ayuntamientos establecidos no dieron las contestaciones que debían dar. No son los Ayuntamientos establecidos para cuidar de las escuelas de primeras letras o del aseo y limpieza de las calles los que deben decidir de la suerte de una nación; no es una Junta creada para dar consejo al Gobierno sobre los asuntos ordinarios de despacho la que debe determinar su ser político; no es un Capitán General, nombrado para defender sus fueros, quien deba declarar sobre sus destinos. Los de una nación dependen de ella misma. Solo Guatemala puede decidir de Guatemala; y esa voluntad no se ha pronunciado. Guatemala no debe ser provincia de México. Debe ser independiente. Esto es lo que enseña la razón; lo que dicta la justicia; lo que inspira el patriotismo".

Pero vanos fueron sus incontestables razonamientos; vanos sus elocuentísimos arranques de noble y fervoroso patriotismo. La resolución de los anexionistas estaba adoptada; formaban un conciliábulo liberticida y no una Junta racional de Gobierno; la mayoría cerró la inteligencia a las ideas; su corazón fue insensible a todo sentimiento generoso, y sus oídos estuvieron sordos al clamor, al tristísimo clamor de la Patria agonizante.[5]

De esta primera desgracia, Valle salvó a Centroamérica, alegando en el Congreso de México nulidad de la anexión en memorable discurso de 12 de abril de 1823, que se transcribe más adelante. De los ulteriores males no puede decirse lo mismo, porque la muerte lo sorprendió en marzo de 1834.

ASESINATO DE MORAZÁN MASCARADA DE LA MOSQUITIA

La segunda tragedia de nuestra Patria es la ruptura del Pacto Federal, hecho al que sobrevino la muerte de Morazán.

Coetáneamente con la ejecutoria de Valle, se desenvuelve en Tegucigalpa la juventud de otro hondureño, cuyo nervioso corcel de guerra dejará huellas indelebles en la historia de Centroamérica. Ese doncel atrevido y visionario se llama FRANCISCO MORAZÁN, y es hijo de padre corso. Lleva en las venas la gota de sangre heroica, y vivas semejanzas revelará su carrera con la de aquel genio domador de monarquías en la Europa milenaria.

Morazán comenzó su carrera militar en Comayagua, en 1827, y de triunfo en triunfo, a través de dramáticas batallas, donde figuran

---

[5] Obras de José Cecilio del Valle, pág. XLVI, Tipografía Sánchez & De Guise, Guatemala, 1929.

los nombres de La Trinidad, Las Charcas, San Pedro Perulapán, La Arada, en fin, llegó hasta Guatemala capitaneando el Ejército Aliado Protector de la Ley (1829). Era el adalid de las nuevas ideas; el defensor de las instituciones democráticas; el caudillo que polarizaba la fe y el cariño de los pueblos. Al dar en tierra con el Gobierno conservador, inició la guerra contra la reacción, dirigida por la nobleza y el clero. Morazán era el abanderado de la luz. Durante su Gobierno hizo venir la primera imprenta, abolió los diezmos, desamortizó los bienes de comunidades religiosas, protegió la enseñanza en sus varios niveles, emprendió la reforma agraria, estableció el divorcio y fomentó diversas instituciones de orden social en favor de estos países. Pero fue, ante todo y sobre todo, el celoso guardián de la federación centroamericana, tan amenazada a cada instante desde los primeros años de la Independencia.

Morazán mantuvo la federación durante diez años. En ese lapso la reacción no cesó de atacarlo, de hecho y de palabra. Se registraban varios intentos de asesinato. Se le denigraba del modo más soez y sangriento. El Presbítero José Nicolás Irías, Vicario Capitular de Honduras, llegó a vender los tesoros de la Catedral de Comayagua, que ascendían al equivalente de un millón de pesos en moneda actual, para hacerle la guerra al epónimo caudillo. En otra oportunidad le toman en rehenes su familia para obligarlo a rendirse; pero él, considerando que primero está el interés supremo de la Patria, ataca a los conjurados, rescata a sus seres queridos y reivindica la dignidad de la República. Y, en fin, largo sería el relato de todas las dificultades que Morazán —cerebro, corazón y brazo de la Revolución— encontró en un medio hostil y supersticioso, dominado por las clases conservadoras.

Contrapuesta a la vida estelar de Morazán aparece la sombría y grotesca figura de Rafael Carrera, un indio analfabeto instigado por los curas, quienes lo abastecían de recursos para hacerle la guerra a la Federación. Es difícil hallar en la historia del mundo dos personajes que representen tan fielmente sus respectivas tendencias en un medio que les sirve admirablemente como telón de fondo para hacer resaltar sus personales características. "Morazán, blanco, correcto, inteligente, personifica la causa de la ilustración, y es el caudillo de la libertad y del federalismo que se esfuerza por reconstruir y consolidar la gran patria centroamericana abierta a todos los órdenes del progreso.

Carrera, hijo de Dios y Rey de los indios, inculto, supersticioso, fanático, arbitrario, cruel y ambicioso, pero sagaz, valiente y, según sus panegiristas, buen administrador; tambor en la niñez de las fuerzas centralistas y, cuando fueron derrotadas, guardián de cerdos en Mataquescuintla; de jefe de una horda de salvajes llega, caminando de triunfo en triunfo, a personificar el partido servil y las tradiciones coloniales, clericales y antifederalistas.

Morazán, gran estratega, lo venció varias veces en el campo de batalla. Pero Carrera, empedernido y astuto, se replegaba siempre con la esperanza de poder quitarse el golpe. Y por fin, un día, la victoria hubo de sonreírle. Y la sonrisa de ese triunfo fue una vergüenza más en la noche de la tierra.

Morazán se vio obligado a romper el sitio puesto por Carrera a la capital chapina, y tomando un barco en El Salvador, partió hacia la América del Sur (1840).

Carrera entonces domina un cuarto de siglo en Guatemala y, a título de caudillo de la reacción, es árbitro en los destinos de la América Central.

Morazán, siempre pensando en Centroamérica, rechazó la oferta para desempeñar altas posiciones militares en el Perú. Y después de algún tiempo de ostracismo, tocó tierra istmeña en Costa Rica. Dominó la situación allí, pero un Judas lo entregó a los enemigos y fue fusilado en San José, sin seguirle juicio, el 15 de septiembre de 1842, justamente cuando la Patria celebraba su cumpleaños. ¡Qué sarcasmo!

La pasión y la muerte de Morazán en circunstancias tan dramáticas le han hecho más grande ante el juicio de la posteridad.

"Si por algo Morazán es más que un estadista centroamericano; si por algo Morazán tiene título para ser exhibido como valor continental, es porque su doctrina política y social superó las fronteras de su país y fue a fructificar en el corazón mismo de la República mexicana" —dijo Luis Chávez Orozco—.

Muerto el Bolívar del Istmo, cuyos pasos se encaminaban esta vez a conjurar la amenaza que pesaba sobre Belice, La Mosquitia e islas adyacentes, anocheció más aún en el alma de estos pueblos.

Efectivamente, al caer Morazán, cuya espada representaba la seguridad centroamericana, Alejandro Mac-Donald, Superintendente de Belice, consolidó sus poderes, habiéndose convertido en el fantasma de Centroamérica. Sus inverecundas expediciones por estas costas se hicieron cada vez más frecuentes, con el asentimiento de la Corona Británica.

Guatemala fue la primera en protestar. México hizo lo propio. Todo sin mayores resultados. El antecedente de esto arranca desde 1786, año en que España estipuló con S. M. Británica el acceso de ésta a Belice para efectuar cortes de palo de tinte y madera de toda clase; mas en ningún momento fueron otorgados títulos de soberanía. Y jamás ese país, antes de la mitad del pasado siglo, intentó ejercer actos de dominio sobre dicho territorio. No obstante, y debido al revuelto clima prevaleciente en Centroamérica, fue entonces cuando comenzó la famosa ocupación. La soberanía de esta tierra correspondía primitivamente a la Capitanía de Guatemala y, más concretamente, a la Provincia de Honduras.

Guatemala ha declarado en su Constitución Política de 1945 el derecho de soberanía sobre Belice; pero las cosas no han prosperado en la realidad porque Inglaterra ha puesto oídos de mercader al reclamo de una sola de las provincias que antaño compusieron el Reino de Guatemala. El triunfo sería más probable mediante la acción solidaria de las cinco Repúblicas hermanas.

Últimamente, y con ocasión de la Primera Reunión de Ministros de Relaciones Exteriores Centroamericanos —San Salvador, octubre de 1951—, The People's United Party (El Partido Unido del Pueblo), del territorio de Belice, por medio de voceros autorizados, hizo llegar una protesta hasta el seno de aquel augusto cónclave pronunciándose enérgicamente contra el propósito que abriga S. M. B. de incorporar dicha Colonia en lo que ha de llamarse "Federación de Posesiones Inglesas en el Caribe". Después de argumentar en favor de la libertad de Belice y su reintegración al seno de la antigua Federación Ístmica, los peticionarios finalizan:

"Estamos seguros de que una gestión conjunta de parte de las cinco Repúblicas Centroamericanas en nuestro favor habrá de impedir que esta región de tierra centroamericana, que aún gime bajo los viles y despiadados sistemas coloniales de Inglaterra, se vea ligada inconsultamente y por la fuerza a los destinos de las colonias inglesas del Caribe; unión que este pueblo ha repudiado públicamente y que, en esta ocasión, repudia de manera solemne".

La Reunión de Cancilleres, teniendo en cuenta la noble aspiración expresada por el pueblo beliceño, y fundándose en una resolución de la Novena Conferencia Internacional Americana de que es justa aspiración de las Repúblicas de América que se ponga término al coloniaje y a la ocupación de territorios americanos por países extracontinentales, resolvió:

"Expresar su simpatía a los conceptos contenidos en la petición beliceña a que se hace referencia y dar cuenta a las Cancillerías Centroamericanas de dicha petición".

La voracidad de la Rubia Albión sobre las tierras ístmicas no solo se hizo sentir en Belice. Islas de la Bahía, El Tigre, La Mosquitia y otros tantos territorios constituyeron también el blanco de sus ambiciones.

Vieja es la pretensión de Inglaterra sobre nuestras latitudes. Durante el siglo dieciocho algunos aventureros por varias veces incursionaron en estas tierras para apropiárselas. En 1823, el Comandante de Trujillo pedía auxilio al Gobierno de Honduras por haber arribado una balandra inglesa tripulada por varios oficiales. Un historiador de aquel tiempo dice:

"Los payas y los zambos son los vecinos de los mosquitos, y sobre el territorio de estas dos tribus fue en donde el General inglés McGregor ensayó fundar un Estado del que se proclamó espontáneamente Jefe; y después de haberse apoderado en 1819 de la isla de Roatán y de haber obtenido del cacique de los payas la cesión de un terreno bastante considerable, McGregor se dio el título de Rey, y luego se vio rodeado de aventureros seducidos por halagüeñas promesas, concibiendo enseguida la idea de imponer, para los gastos de establecimiento, un empréstito público con el nombre de 'emprunt royal poyais'. Para colmo de extravagancia, no faltaron especuladores que confiaran sus fondos al soberano improvisado de la Nueva Neustria, nombre con el cual había bautizado McGregor su parodia de Reino, que ningún gobierno de Europa reconoció. Los súbditos ingleses de la Nueva Majestad fueron mal recibidos por los indígenas; y al fin protestó el Gobierno colombiano contra la ocupación en 1825.

La caída de McGregor fue torpe y solo habría sido risible si gentes demasiado confiadas no hubieran sepultado su fortuna en esta ridícula y quimérica empresa. El reino de los payas se designaba hacia el punto en que el Río Tinto o Negro desagua en el Atlántico, cerca del cabo Camarón, porque fue allí donde McGregor había situado el teatro de su poder".

Las incursiones patrocinadas por el Superintendente de Belice fueron cada vez más audaces. En 1838 comienzan las protestas de estos gobiernos contra las osadas pretensiones de los ingleses.

Alejandro McDonald, quien venía buscando de tiempo atrás un estímulo para intervenir en Honduras, llegó a Roatán so pretexto de proteger a unos extranjeros que querían establecerse en la isla, el 20 de abril de 1839, a bordo de la balandra de guerra Aventurero, habiendo arriado el pabellón centroamericano al tiempo que izaba la bandera de su imperio. Tan pronto se marchó, el Comandante Loustalet izó de nuevo el pabellón centroamericano, y entonces McDonald regresó para tomar prisionero al Comandante y sus oficiales, llevándolos a tierra firme y amenazándolos con fusilarlos si volvían a la isla.

Y llovieron de nuevo las protestas.

En 1840 llegó a Criba, territorio Mosquito, una fragata con procedencia de Londres, trayendo un pliego y una bandera que fueron entregados al Superintendente de aquellos establecimientos, con instrucciones de hacer saber a los naturales que la Reina Victoria les había concedido el derecho de usar bandera.

El Comisionado de Honduras, Guillermo Herrera, protestó, alegando la invalidez del título, pues dichas tierras eran pertenencia de Centroamérica. El Superintendente manifestó que bastaba con el reconocimiento de Su Majestad Británica.

Y sobrevino un largo expediente de cancillería.

Tan apasionante era la actualidad de estos asuntos, que la prensa extranjera los comentó en repetidas ocasiones. De un artículo aparecido en el New York Express son los siguientes párrafos:

"La corona inglesa ha hecho recientemente una considerable adición a sus posesiones en Centroamérica. Según parece ha tomado ya posesión formal de la parte de aquel país, conocida con el nombre de costa de Mosquitos. El pretexto para este procedimiento está fundado, al parecer, en que el Rey de la Costa de Mosquitos hace algún tiempo murió, dejando por su testamento y última voluntad a su querida prima Victoria, la Reina de la Gran Bretaña, todas sus tierras, tenencias y heredades, en las que de consiguiente incluyó todo el dominio de la Costa de Mosquitos. La ilustre heredera parece no ha sido tardía en aceptar la donación, y se han dado pasos precipitados para tomar posesión inmediatamente del territorio cedido, mandando una goleta de guerra al país de los Mosquitos, con el fin de llevar a efecto la voluntad y testamento del difunto Rey. En virtud de esta orden, un oficial inglés se apoderó de San Juan, la capital, y se proclamó un nuevo Rey de Mosquitos, nombrado por la Reina de la Gran Bretaña. De este modo ha adquirido la corona de Inglaterra una rica y vasta región en nuestro continente sin gasto ni trabajo alguno".

La pantomima había comenzado veinte años atrás, con la designación del primer Rey de los Mosquitos, a quien los ingleses dieron en llamar George Frederick; pero, habiendo muerto éste en una bacanal, fue designado su hermano Roberto Charles Frederick, quien representaba muy bien su papel; solamente que, por sus marcadas simpatías hacia los hispanoamericanos, constituía la paja en el ojo de los imperialistas, por lo cual fue depuesto. Vino entonces a reinar un negro con el nombre de su hermano muerto. El rey de ébano duró poco tiempo, para dar paso a otro Roberto Charles Frederick, a quien invistieron con toda pompa, rodeándolo de nobles. Mas este nuevo monarca-títere adolecía de una prodigalidad nociva para los intereses de sus protectores, por lo cual fue trasladado bajo buen custodia hacia Belice, donde murió algún tiempo después, instituyendo heredera a la Corona Británica. MacDonald, como representante de Su Majestad, se apresuró a tomar posesión de los ya famosos territorios.[6]

Los Gobiernos de Honduras y Nicaragua celebraron conferencias a fin de contrarrestar la acción imperialista de la Gran Bretaña.

Acreditaron Representantes ante aquel Gobierno pidiendo el retiro de las tropas inglesas, pero todo fue en vano. Lord Palmerston, Ministro del gran país, reclamó más enérgicamente y el Cónsul de S. M. B. en estos países insistió con igual dureza. A los reclamos de éste,

---

[6] Humberto López Villamil: Política Internacional Centroamericana, Nicaragua, 1946.

los Gobiernos de Honduras y Nicaragua respondieron siempre con entereza y valentía. Y cada vez protestaban más y más ante los pueblos dignos de la tierra, denunciando aquellos repugnantes atentados.

En 1849 se presentó Chatfield en Amapala, a bordo de la fragata Gordon, y ocupó la isla. Al mismo tiempo, barcos ingleses cargaban contra San Juan y Trujillo. Gracias a cierta habilidad de Mr. Squier, Cónsul de Estados Unidos, fue restituida la Isla del Tigre.

Nicaragua invocó la ayuda de los Estados Unidos. Este poderoso país estaba sobreaviso de los acontecimientos, pues tenía marcado interés en el canal interoceánico. En la primera oportunidad acreditó un Plenipotenciario en Centroamérica. Y todas estas diligencias vinieron a culminar con la firma del Tratado Clayton-Bulwer el 19 de abril de 1850, mediante el cual Inglaterra y Estados Unidos se comprometían cada uno a no construir sin el consentimiento de ambas partes el citado canal interoceánico. Este fue el comienzo de la paz, que se logró definitivamente mediante el Tratado Wike-Cruz, en Comayagua, en noviembre de 1860.

FILIBUSTERISMO

Otra cicatriz en el organismo de las jóvenes naciones fue la invasión de los filibusteros. No vamos a entrar en mayores detalles, porque no perseguimos relatar acontecimientos sino sacar en limpio la directriz ideológica de un hombre.

Las luchas intestinas de Nicaragua en 1855 promovieron la llegada de doscientos oficiales yanquis para sostener a uno de los contendientes en el poder. En esta forma y casi de repente, estaba con nosotros un aventurero peligroso, quien había de ser el autor de muchas desgracias para Centroamérica. Se trata de William Walker, nacido en Nashville, capital del Estado de Tennessee, el 8 de mayo de 1824.

Era médico, abogado y periodista, habiendo estudiado en varios lugares de América y Europa; atrevido y valiente, con una desenfrenada ambición de mando y de riqueza.

Creía en la esclavitud como una necesidad; y en 1850, con la fiebre del oro, hizo su agosto en San Francisco de California. Tres años más tarde, con hombres de la más baja extracción y sin el menor apego a la vida, invadió la Baja California y fundó la República de Sonora, haciéndose proclamar Presidente; pero la tal expedición fracasó de modo rotundo.

Aureolado de una fama de hombre excepcional, fácil le fue reclutar gente para venir a estas tierras. Y aprovechándose del ambiente desarticulado de por acá, en poco tiempo se hizo dueño de Nicaragua, con miras a dominar toda la América Central. Su propósito, confiesa en La Guerra de Nicaragua —libro escrito por él—, era fundar una república militar compuesta de tres castas: la de los blancos de habla inglesa, quienes serían los amos; la de los indios y negros, quienes serían los esclavos; y la de los mestizos o centroamericanos, quienes merecían el despojo y la muerte por ser los verdaderos causantes de todos los males de Centroamérica.

Frente al peligro de perder la soberanía y de caer en esclavitud, los pueblos reaccionaron con patriotismo admirable. El primero en declararle la guerra fue Juan Rafael Mora, Presidente de Costa Rica. Los demás gobiernos enviaron refuerzos, habiendo recaído el mando en el General hondureño Florencio Xaruch, y después de resistir un sitio de varios meses, capituló el filibustero, prometiendo no volver a estas tierras (mayo de 1857).

Tan visible era el peligro de Walker en Centroamérica, que el hecho motivó la Conferencia de varios Estados americanos en Santiago de Chile, para protegerse recíprocamente (1856).

No obstante la palabra empeñada, luego habría de tornar a estas costas. Burlando la vigilancia de su propio gobierno, salió en noviembre de Mobila con unos doscientos hombres en el vapor Fashion, habiendo llegado a Costa Rica para entrar luego por el Río San Juan, a lo largo del cual tomó varias fortalezas y algunos vapores surtos en sus aguas. Pero el 28 de diciembre, el Comodoro Paulding, Comandante de la fragata norteamericana Wabash, hubo de capturarlo en la punta de Castilla, excediendo sus instrucciones, pues tan solo estaba autorizado para perseguirlo en el mar. Se cuenta que esta actitud produjo acalorada polémica en los Estados Unidos, donde Walker tenía ardientes admiradores que le consideraban como personaje extraordinario.

Capturado nuevamente por el buque inglés Icarus, y por el General Mariano Álvarez, Comandante de Yoro, habiéndose entregado sin condiciones, se le instruyó consejo de guerra y fue fusilado el 12 de septiembre de 1860.

Dice un historiador que la muerte de Walker produjo fiero encono entre sus amigos y partidarios de los Estados Unidos, y que a no ser porque muy luego estalló la guerra de secesión, quizá la esclavitud en Centroamérica habría sido inevitable.

En el pintoresco puerto de Trujillo vése una lápida conmemorativa del infausto suceso. Allí está el sepulcro de un hombre y de una trayectoria.

Y el golpe esta vez lo había dado la Gran Bretaña.

EL IMPERIO VERDE

Avanzamos ya sobre la segunda mitad del pasado siglo. Las guerras intestinas se han recrudecido. El ejército, desnaturalizado en su función de guardián de las instituciones republicanas, ha perdido su dignidad en manos de caudillejos improvisados y mercenarios. La historia es tan solo un movimiento pendular entre la guerra civil y la dictadura. La cultura es negativa y la riqueza brilla por su ausencia. Un panorama de sangre tiende sus desolaciones sobre la faz de la Patria.

El clero maneja desde bambalinas el timón de los sucesos. La misma religión es instrumento de vergonzoso tráfico. Los monasterios y los conventos son centros de corruptela impenitente. La industria no prospera. Y en este orden las cosas, todos los ramos de la actividad sufren una sistemática paralización. Solo la pasión, el temor y la desorientación presiden la conducta de los centroamericanos.

De vez en cuando se abre paso un rayo de luz entre la niebla: las revoluciones, por ejemplo, del 71 en Guatemala y del 76 en Honduras. Nuevos sueños de federación que encuentran su sentencia de muerte en los campos de Chalchuapa, en 1885. Y así la vida: postración, calamidad, en fin. Y cada vez más hondo el odio entre las naciones hermanas. Amén de las frecuentes intervenciones armadas, se inicia para Centroamérica la otra invasión, más dañina que todas las plagas restantes: la invasión imperialista.

En efecto, desde 1871 comenzaron los ensayos de cultivo del banano en Jamaica y Costa Rica. De allí iba a surgir la United Fruit

Company, que devendría muy pronto en el capataz de los pueblos del Caribe.

Con su ciclón incontrastable, la Compañía bananera ha sometido la voluntad de estos países, que apenas pueden recibir, a título de limosna, un escaso porcentaje de las pingües riquezas extraídas por el amo blanco.

Algunos rascacielos de Nueva York tienen su origen en los inmundos barracones del litoral Atlántico; los diamantes que llenan de estupor las noches fáusticas de los grandes centros, cuestan la sangre de miles de trabajadores mestizos. La opresión por la vía económica es la más angustiosa y la más difícil de sacudir. Llevamos más de medio siglo y aún no alumbra el sol de nuestra redención. Las compañías han logrado desteñir el sentido nacionalista de los pueblos; han forjado ejércitos de hombres enfermos, cobardes, sin brújula y sin responsabilidad. Han corrompido los sentimientos; en fin, han aplastado a estas colectividades dignas de mejor suerte.

Hace algún tiempo decía un importante libro:

"Durante los treinta y cinco años de su existencia, la United Fruit Company ha transportado y distribuido aproximadamente dos mil millones de racimos de bananos. Para desarrollar estas actividades económicas ha gastado en los trópicos una gran cantidad de dinero, una parte de la cual ha recuperado en los mismos trópicos gracias a sus transportes por barco y ferrocarril, a la radio y otros servicios y por ventas y servicios de hospital. En su busca de beneficios ha transformado selvas enmarañadas en centros de actividad humana, por lo menos temporalmente; ha construido edificios, redes de ferrocarril y otras obras de la moderna civilización material; ha levantado hospitales excelentemente equipados y ha reducido, aunque no ha eliminado, la amenaza de las fiebres tropicales.

"Mientras realizaba esta y otras obras igualmente constructivas —prosigue— esta poderosa compañía ha hundido competidores, ha dominado gobiernos, ha sometido empresas ferroviarias, ha arruinado a plantadores, ha ahogado a cooperativas, ha explotado a trabajadores, ha combatido el trabajo organizado y ha abusado de los consumidores. Este uso del poder por una empresa de una nación fuertemente industrializada en países extranjeros relativamente débiles, constituye un tipo definido del imperialismo económico."[7]

Lo cierto es que esos monstruosos trusts han puesto en todo tiempo de rodillas a estas patrias macilentas. Para obtener sus concesiones de tierras, reducciones de tarifas, libre importación de materiales, construcción de edificios y carreteras, vías férreas y obras similares, usan de todos los medios. Corrompen a los empleados públicos, recurren por cualquier nimiedad a la vía diplomática; disponen de asesinos asalariados y, en fin, larga es la historia de todos los expedientes de que echan mano para salirse con la suya.

Las guerras intestinas de nuestros países han cobrado caracteres más horrendos desde que la Gran Empresa fomenta nuestro espíritu de lucha, armándonos hasta los dientes. Cuando estamos agónicos, se nos obliga a firmar contratos humillantes, comprometiendo el pan y el honor de muchas generaciones.

El odio de nación a nación no sería tan acre si las Compañías no lo atizaran hábilmente. Y muchas de nuestras dificultades limítrofes habrían tenido mejor solución, de no mediar la mano artera del Capitalismo.

Las inversiones en los países de escaso desarrollo económico son ventajosas al Erario Nacional si se pactan a base de equidad. Todo país débil necesita dinero para fortalecer su economía. El dinero es la sangre de los pueblos. Mas si por un plato de lentejas vamos a vender nuestras posibilidades, como ha ocurrido a través de repetidas experiencias, sería preferible rechazar esas ofertas.

Y esta cruz que a cuestas lleva ahora nuestra Patria fue bien prevista por José Cecilio del Valle, apóstol de libertad y dignidad.

Más tarde, la apertura del Canal de Panamá no ha representado, por cierto, una ventaja económica para Centroamérica. La equidad aún se hace esperar.

ULTERIORES ESFUERZOS DE RECONSTRUCCIÓN

En más de una ocasión, las cinco repúblicas, disgregadas para su fatalidad, han intentado unirse nuevamente. Ese deseo alienta en sus leyes fundamentales. Y es sincero el afán, mas siempre hay intereses

---

[7] Kepner y Soothill: El Imperio del Banano, México, D. F., 1949.

que se interponen. Cuando no los intereses políticos de potencias extranjeras, son los intereses económicos de las compañías antes mencionadas.

Frente al peligro común, los cinco pueblos han hecho profesión de fe por la unión. No citemos los esfuerzos realizados en el siglo anterior. Hablemos de los contemplados en el correr de la actual centuria.

En 1907, en relación con el reconocimiento de los gobiernos de facto, el internacionalista ecuatoriano Carlos R. Tobar ideó la doctrina de su nombre, mediante la cual tan sólo deben ser acreedores al reconocimiento los gobiernos constitucionalmente electos. La doctrina va, pues, directamente contra los gobiernos de facto. A fines del mismo año, es decir, en diciembre, y por excitativa de Teodoro Roosevelt y Porfirio Díaz, los representantes de las cinco repúblicas centroamericanas estaban reuniéndose en la ciudad de Washington para firmar algunos tratados y convenciones sobre asuntos vitales relacionados con el propósito de reconstruir la Patria Grande.

Bajo la inspiración de la Doctrina Tobar, las altas partes contratantes se comprometieron, entre otras cosas, a no reconocer ningún régimen que surja en cualquiera de ellas como resultante de un golpe de Estado o de revolución contra un gobierno reconocido. En esta forma propendían a imprimirles a los gobiernos del Istmo una fisonomía democrática y aseguraban la ley de los vasos comunicantes entre los Estados signatarios.

En dichas convenciones aparecen, como es natural, las frases sacramentales de la amistad entre los pueblos y el deseo de tornar, en cualquier momento, a la antigua federación.

Pero, a fin de dejar tangibles pruebas de sus ideales, crearon la Corte Centroamericana de Justicia, el primer tribunal internacional que registra la Historia en el aspecto judicial. Decimos judicial porque ya existía un Tribunal de Arbitraje en La Haya, constituido en la Primera Conferencia, en 1899.

La Corte Centroamericana de Justicia es la precursora de la Corte Permanente de Justicia Internacional, creada el 16 de diciembre de 1920 y mantenida ahora por las Naciones Unidas bajo el nombre de Corte Internacional de Justicia.

La Corte Centroamericana encarna una novedosa experiencia jurídica. Contra lo hasta entonces admitido en la ciencia, aquí aparecen las personas naturales como sujetos de Derecho Internacional Público. Por consiguiente, podían entablar demandas contra cualesquiera de los Estados firmantes; y durante los diez años de existencia de la misma, varios fueron los casos de esta índole. La Corte marchaba admirablemente. Vino a llenar un cometido trascendental en la suerte de estos pueblos, al tiempo que sentó ante el mundo un precedente de vastas repercusiones. Resolvió muchas dificultades entre los Estados y se erigió en el baluarte de la justicia para el área del Caribe.

Mas, he aquí que en 1914 el Gral. Chamorro y el Secretario de Estado Mr. Bryan, en nombre de Nicaragua y Estados Unidos respectivamente, suscribieron el tratado que lleva el nombre de sus firmantes, mediante el cual Nicaragua cede, a perpetuidad, al Gobierno de los Estados Unidos, libres de todo impuesto u otra carga pública, los derechos de exclusiva propiedad necesarios y convenientes para la construcción de un canal interoceánico a través del río San Juan o cualquiera otra ruta en territorio nicaragüense. Le daba, además, en arriendo sus islas en el mar Caribe, Great Corn Island y Little Corn Island, concediéndole por igual término el derecho de mantener una base naval en el punto del Golfo de Fonseca que el Gobierno de los Estados Unidos quisiera elegir. Asimismo se pactaba que, de convenirle a los Estados Unidos, podía prorrogarse por igual tiempo la concesión aludida; y además, que las zonas comprometidas, de conformidad con el tratado, quedaban bajo la soberanía de los Estados Unidos.

Una entrega tan monstruosa jamás se había presentado. Ante conducta semejante, los países limítrofes protestaron oficialmente antes de ratificarse el pacto, pues éste, además de constituir un insulto a la dignidad centroamericana, envolvía un peligro directo para los demás países, ya que el Golfo de Fonseca es una bahía histórica sujeta a régimen de condominio entre El Salvador, Honduras y Nicaragua.

En medio del papeleo diplomático y de la polvareda que el asunto levantara, tanto en el Istmo como en el resto del Continente, Costa Rica fue la primera en ir a la demanda. El Salvador entabló la suya poco después. Y en ambos casos la Corte de Justicia Centroamericana falló favorablemente. Respecto de Costa Rica resolvió que el Gobierno de Nicaragua había violado el Tratado Cañas-Jerez, sobre los derechos en el Río San Juan, y el Tratado Centroamericano de Paz y Amistad de 1907; pero se abstenía de pronunciarse sobre la nulidad del tratado, por carecer de competencia para ello. En la demanda promovida por El Salvador resolvió que el Tratado Chamorro-Bryan amenazaba la seguridad del demandante y violaba sus derechos de condominio en el Golfo de Fonseca; también violaba el Tratado de Paz y Amistad. La sentencia mandaba que Nicaragua restituyese las cosas al statu quo ante. Pero este país no quiso someterse al fallo, y el Tribunal no pudo ejecutar su sentencia.

Al cumplirse los diez años de vida que se le habían previsto en el pacto, la Corte pereció, dejando en la conciencia de los hombres justos de todas las latitudes un recuerdo imperecedero.

Otro esfuerzo digno de aplauso en favor de la unión centroamericana es la celebración de algunas conferencias con motivo del primer centenario de la Independencia, las cuales culminaron con la instalación de una Asamblea Nacional Constituyente en Tegucigalpa, Honduras, en julio de 1921. Esta Asamblea emitió la Constitución Federal, publicada el propio 15 de septiembre. Dicho estatuto era un signo de esperanza; pero los buitres extranjeros, siempre devorando al Prometeo encadenado, dieron al traste con tan elevados propósitos.

Dos años después, en 1923, se firmaban en Washington un Tratado General de Paz y Amistad, once convenciones y dos protocolos, todos ellos sobre materias tan importantes como: establecimiento de un Tribunal Centroamericano, de Comisiones Internacionales de Investigación, de Limitación de Armamentos, Extradición, de Comisiones Permanentes Centroamericanas, Libre Cambio, Preparación de Leyes Electorales, Profesiones Liberales, Leyes Protectoras de Trabajadores, Experimentos Agrícolas y Cambio de Estudiantes. Dichas convenciones son conocidas, como en 1907, bajo el nombre genérico de "Pactos de Washington".

Estos Pactos, no obstante los principios que los animaban, resultaron de efectos limitados y tuvieron relativa vigencia. Ya los pueblos, desengañados por las anteriores experiencias, no acuerparon la causa con el debido entusiasmo, y el ideal murió de anemia.

El más reciente esfuerzo para rehacer la Federación ha sido la Reunión de Ministros de Relaciones Exteriores de Centroamérica, celebrada en San Salvador, entre el 8 y el 15 de octubre de 1951.

En esa memorable oportunidad fue suscrita la Carta de la Organización de Estados Centroamericanos (ODECA), instrumento que inmediatamente fue ratificado por los países signatarios. Respecto de Panamá, Estado al cual los cinco países enviaron un mensaje de simpatía, "como una expresión fiel y sincera del sentir del pueblo centroamericano hacia esa nación hermana", hay una disposición transitoria cuyo texto dice: "El presente convenio queda abierto a la República de Panamá para que, en cualquier tiempo, pueda adherirse a esta Carta y formar parte de la Organización de Estados Centroamericanos".

La Carta de San Salvador, en su proemio, expresa: "Los Gobiernos de Costa Rica, El Salvador, Guatemala, Honduras y Nicaragua, inspirados en los más altos ideales centroamericanistas, deseosos de alcanzar el más provechoso y fraternal acercamiento entre las Repúblicas de la América Central, y seguros de interpretar fielmente el sentimiento de sus respectivos pueblos; y CONSIDERANDO: Que las Repúblicas Centroamericanas, partes disgregadas de una misma nación, permanecen unidas por vínculos indestructibles que conviene utilizar y consolidar en provecho colectivo; que para el desarrollo progresivo de sus instituciones y la solución común de sus problemas es indispensable la cooperación fraternal y organizada de todos; que es necesario eliminar las barreras artificiales que separan a los pueblos centroamericanos y lograr la voluntad conjunta de resolver sus problemas y defender sus intereses, mediante la acción colectiva y sistematizada, pues los procedimientos ensayados en el curso de la vida independiente de las Repúblicas Centroamericanas para la reintegración a su antigua unidad han resultado ineficaces; y que el Derecho Internacional moderno ofrece fórmulas adecuadas para esta finalidad, mediante la institución de Organismos Regionales; POR TANTO: Los Gobiernos arriba mencionados deciden establecer una Organización de Estados Centroamericanos para la coordinación de sus esfuerzos comunes. Al efecto, sus Ministros de Relaciones Exteriores, debidamente autorizados, convienen en lo siguiente: PROPÓSITOS: Art. 1°.—

Costa Rica, El Salvador, Guatemala, Honduras y Nicaragua constituyen la Organización de Estados Centroamericanos (O.D.E.C.A.), con el objeto de fortalecer los vínculos que los unen; consultarse mutuamente para afianzar y mantener la convivencia fraterna en esta región del Continente; prevenir y conjurar toda desavenencia y asegurar la solución pacífica de cualquier conflicto que pudiere surgir entre ellos; auxiliarse entre sí; buscar solución conjunta a sus problemas comunes y promover su desarrollo económico, social y cultural, mediante la acción cooperativa y solidaria. PRINCIPIOS: Las Repúblicas Centroamericanas, como miembros de las Naciones Unidas y de la Organización de Estados Americanos, al constituir la Organización de Estados Centroamericanos, ratifican su fe en los principios de la Carta de las Naciones Unidas y de la Carta de la Organización de Estados Americanos y su adhesión a ellos. Art. 2°.—La Organización de Estados Centroamericanos se funda en los principios consagrados en la Carta de las Naciones Unidas y en la Carta de la Organización de los Estados Americanos y, de manera especial, en la igualdad jurídica de los Estados, en el respeto mutuo y en el principio de no intervención".

Para llevar a feliz término tan luminoso programa, la ODECA cuenta con los órganos siguientes: la Reunión eventual de Presidentes; la Reunión de Ministros de Relaciones Exteriores; la Reunión eventual de Ministros de otros Ramos; la Oficina Centroamericana, y el Consejo Económico.

La citada Reunión de Ministros de Relaciones tomó algunas resoluciones e hizo varias recomendaciones sobre importantes aspectos de la vida económica, cultural, social y política del Istmo. Algunas de ellas versaron sobre: Creación de la Bandera y el Escudo de la ODECA; Sello Postal Conmemorativo de la firma de la Carta de San Salvador; Visitas de Profesores y Alumnos; Intercambio de Becas; Celebración de Congresos de Prensa y Radio; Servicio Centroamericano Radiotelefónico y Radiotelegráfico; Protección a la Infancia Centroamericana; Apoyo al Consejo Superior Universitario; Oficina Centroamericana de Prensa e Información; Tratados de Libre

Comercio; Facilidades de Migración; Consultas entre Gobiernos Centroamericanos y una infinidad de materias más[8].

Ancha y profunda es la fe de nuestros pueblos en esta nueva cruzada. La conciencia de la Patria Grande está mejor abonada en esta hora y, por otra parte, las herramientas para la siembra han sido perfeccionadas. El Derecho Internacional tiene mayores recursos, y el punto de enfoque del gran problema ha variado notablemente, dejando dilatadas playas de esperanza.

Se ha abierto una nueva estrella en la noche de Centroamérica. ¿Llegará por fin el alba redentora?

---

[8] La Carta Constitutiva de la ODECA fue sustituida por la nueva Carta de San Salvador, suscrita en la ciudad de Panamá, el 12 de diciembre de 1962, que es la vigente. Mediante este instrumento, la ODECA experimentó una serie de cambios estructurales y funcionales encaminados, dizque, a darle mayor eficacia a la Organización.

CAPÍTULO IV: VALLE, EN MÉXICO

MINISTERIO DE RELACIONES ALEGATO SOBRE NULIDAD DE LA ANEXIÓN MUERTE DE VALLE

Consumada la anexión, Valle se retiró a la vida privada, para consagrarse al estudio de sus ciencias favoritas. Las provincias habían aceptado aquel sometimiento como un mal necesario. Solamente El Salvador, cuyo exaltado amor a la libertad lo había llevado hasta invocar la ayuda de los Estados Unidos, amenazó con la guerra a Guatemala, en señal de rebeldía. Para mejor efecto de sus planes ofreció la jefatura política a Valle; pero éste rehusó enfrentar una guerra fratricida. Él, como padre de la Patria, no iba a convertirse en escorpión devorando a su propia criatura.

Cuando menos lo esperaba, Valle fue investido Diputado al Congreso de México por las provincias de Tegucigalpa y Chiquimula, las cuales, por honrosa coincidencia para él, le otorgaron su representación sin previo acuerdo entre ellas, al tiempo que le rogaban no declinar el mandato.

Ya era bastante lo que a Valle debía Centroamérica. No sólo en gratitud, sino en dinero, pues los sueldos anteriores no le habían sido pagados. De sobra se comprende que el nuevo destino tenía que ser sufragado con sus propios fondos; pero esto para Valle no contaba. Primero era la Patria. Primero que su bienestar, primero que su familia. Primero que todo. Y emprendió viaje a México. "Los demás Diputados —dice él en su Manifiesto a la Nación Guatemalteca— eran eclesiásticos o célibes, no tenían otros vínculos que los del amor que une al país donde se vive o se nace. Mis sacrificios debían ser mayores. Era preciso arrancarme de una familia que jamás había estado separada de mí. Era preciso abandonar mis intereses situados unos en la provincia de Tegucigalpa y existentes otros en la de Guatemala. Era preciso atravesar cuatrocientas leguas yo, que desde la edad de ocho años jamás había caminado quince; exponer mi salud a tantas temperaturas, tantas atmósferas, tanta variedad de aguas, tanta diversidad de alimentos, decidirme, en fin, a entrar en un país donde no tenía relaciones, donde todo era nuevo para mí, donde debía suponer el desagrado de haber repugnado con tanta constancia la unión de Guatemala con México. Ha sido siempre vivo el deseo que he tenido de viajar para adquirir conocimientos. He podido hacerlo, y nunca me había determinado. Tú sola, Patria querida, tuviste poder bastante para desprenderme de ti misma; tú sola fuiste el objeto digno de mis sacrificios".

Los viajes en esa época —huelga decirlo— se hacían a lomo de mula. Valle salió de Guatemala el 7 de mayo de 1822, habiendo llegado a la ciudad de México el 28 de julio subsiguiente. El 3 de agosto tomó posesión del cargo.

Desde el instante mismo de la llegada continuó los trabajos en favor de la idea central de su vida: la independencia de Centroamérica. El Congreso de México fue el escenario propicio para las ideas del apóstol, quien llegó pronto a la Vicepresidencia del primer poder del Imperio. Sus discursos luminosos envolvían rudos golpes contra el régimen. No era extraño, por consiguiente, que en una organización pretoriana tales ideas produjesen resquemores que bien pronto iban a desenmascararse.

El zarpazo no tardó. El 26 de agosto, sin orden escrita, fue arrestado Valle en unión de algunos partidarios, habiéndoseles puesto prisioneros en el Convento de Santo Domingo.

Él sabía de antemano lo que en su contra se preparaba. Algunos amigos le aconsejaron que huyera, manifestándole que el Enviado de Colombia estaba presto a darle asilo. Pero Valle, limpio de conciencia, altivo y grande en todas las situaciones de su vida, agradeció, diciendo que no tenía razones para huir. "Que se escondan los que son reos ante la ley; los que han cometido delitos y son positivamente criminales. Yo no conozco el crimen; yo soy hombre de bien; yo respeto la virtud y procuraré respetarla".

Y fue con sorpresa cuando, después de siete meses de prisión, Valle recibió oficio del Emperador Iturbide, ofreciéndole satisfacciones por el ultraje inferido y proponiéndole la Secretaría de Relaciones Exteriores del Imperio.

El ilustre prisionero, profundamente herido por la injusticia, rehusó dos veces. Mas, como la oferta importaba una orden, tuvo que aceptar.

Con todo, Valle comprendió que desde esa posición él podría cobrarse aquella ofensa con notable comisión. Desde su cargo de Ministro dirigiría mejor la oposición al régimen. Sobradamente sabía que Iturbide no lo había designado por simpatía; mal podían avenirse las ideas de un militar con las de un director intelectual. Pero Iturbide lo necesitaba y creyó que de esta manera salvaría su Imperio. Desgraciadamente, el castrense pensó tarde. El orgullo del Sabio estaba tallado en diamante y no era un cargo público el precio de su carácter. De otro lado, la carcoma del régimen había avanzado tanto que ya no había curación posible.

Valle tenía a su favor fuertes bloques de opinión en el Congreso. Por amistad unos y por principio otros, los diputados respetaban y admiraban su acrisolada rectitud y su valentía bien probada.

Como Ministro de Relaciones Interiores y Exteriores, tuvo acceso varias veces al recinto del Congreso para dar lectura a macizas exposiciones de Derecho Constitucional y Derecho Internacional.

La crisis se tornaba más aguda cada vez. Las dificultades internas de México, promovidas por algunos patriotas que detestaban el Imperio y querían la República, crearon un ambiente caótico. El 6 de diciembre de 1822, los Generales Santa Ana, Bravo y Guerrero proclamaron la República en Veracruz, bajo el llamado Plan de Casamata. Y el Emperador, para evitar la guerra civil, abdicó en marzo de 1823 y, a bordo del bergantín inglés Rawlins, salió hacia Europa en mayo del mismo año.

El Congreso, disuelto desde octubre anterior, volvió a reunirse en marzo. Valle tornó a su antigua curul, y entonces disparó aquel memorable y grandioso discurso, que fue el tiro de gracia para la Anexión.

El alegato de Valle en esa oportunidad reviste solidez y profundidad incontestables. Helo aquí:

"Señor: Cuando V. Soberanía dijo el 29 del próximo anterior: Se declara el Congreso reunido en su mayoría y en plena libertad de deliberar, y por consiguiente de continuar sus sesiones, interrumpidas desde el 31 de octubre... yo estaba en el Ministerio de Relaciones, que serví por no haber sido admitida la renuncia que presenté por dos veces.

"Deseaba volver al seno de este Congreso para manifestar los derechos de Guatemala, mi patria amada; de Guatemala, objeto de largo y penoso viaje. No me fue posible llenar mis deseos ni aquel día ni los siguientes, y antes de poder satisfacerlos, el Sr. D. Carlos María Bustamante, Diputado por Oajaca, dijo el 31 siguiente: Señor: los grandes acontecimientos de los imperios siempre se sellan y marcan en la Historia con actos de beneficencia y liberalidad... Los hijos de Guatemala gimen unos en las cárceles, y otros derraman sangre en la campaña por defender los derechos de su libertad e independencia. Para enjugar lágrimas tan doloridas, suplico a V. Soberanía mande: Primero: que Filísola y los demás jefes suspendan toda hostilidad. Segundo: que los diputados de las Provincias de Guatemala, reunidos donde gusten, deliberen con plena libertad si quieren agregarse al territorio mexicano. Tercero: que en dichas juntas tomen cuantas medidas juzguen oportunas para reanimar su industria y comercio, y proporcionarse toda la libertad y seguridad que necesiten para su bienestar.

"No es ésta la primera vez que el Sr. Bustamante vuelve su atención a la provincia de Guatemala. En la sesión memorable de 10 de julio de 1822, en esa sesión habida antes que llegáramos los diputados que de aquella provincia veníamos caminando a ésta, en esa sesión en que protestó el Sr. Mayorga diciendo que sería un escándalo tratar el punto de unión de los pueblos de Guatemala sin esperar a sus representantes que estaban prontos a llegar, el señor Bustamante recomendó la circunspección con que debía verse un punto en que se interesaba el derecho sagrado de libertad de aquellas provincias.

"Pero la independencia de Guatemala no es gracia que deba otorgarse para perpetuar la memoria de los sucesos de México; que otros Gobiernos señalen o marquen los acontecimientos, dando honores a los funcionarios o concediendo indultos a los reos. El Congreso de México reconocerá sin duda que la independencia de Guatemala, la libertad de aquellas provincias, la cesación de hostilidades, no son actos de beneficencia ni expresiones graciosas de liberalidad. Son actos de estricta justicia, actos dictados por esa razón universal que ha formado los principios del Derecho Público.

"Señor: mi idioma es uno. Vocal de la Junta Provisional de Guatemala, dije en 5 de enero de 1822 que la agregación de aquellas provincias a México no podía ser decidida sino por un Congreso libremente elegido por las mismas. Diputado electo posteriormente, hablo la misma lengua en abril de 1823.

"Es asunto de alta importancia. Permítame V. Soberanía desenvolver estas proposiciones:

1ª — La voluntad de México y Guatemala era necesaria para agregar la una a la otra.

2ª — Debía pronunciarse aquella voluntad de modo legal por la única autoridad competente para decirla.

3ª — La voluntad de Guatemala no ha tenido el grado de libertad que era necesario.

4ª — No fue pronunciada del modo que dicta la razón por la autoridad que debía expresarla.

5ª — Aun respecto de aquellos que se decidieron por la agregación de Guatemala, ha debido cesar desde el momento en que Vuestra Soberanía declaró insubsistentes el Plan de Iguala y el Tratado de Córdoba.

6ª — Aun estando vivos uno y otro, debe tenerse presente que ni a México ni a Guatemala conviene la unión de la segunda con la primera.

I

"Hay verdades que el alma se place en repetir, y una de ellas es ésta: los hombres son libres; los hombres son iguales ante la ley. Ningún hombre es dependiente de otro hombre; ningún hombre es obligado a otro hombre, sino cuando él mismo ha querido obligarse.

"La voluntad es el origen de las obligaciones; la voluntad es el origen de los pactos. No hay obligaciones cuando no hay voluntad. Sería una quimera la igualdad si un hombre tuviera derecho sobre otro contra su voluntad; sería imaginaria la voluntad si fuera obligatoria no siendo libre.

"La unión de dos individuos que quieren formar compañía exige, para establecerla, la voluntad de los mismos individuos expresada con libertad. La unión de dos naciones que quieren formar sociedad política exige, para constituirla, la voluntad de las mismas naciones pronunciada libremente.

"Para que México y Guatemala formen un todo político, es necesario que México y Guatemala quieran constituirlo. México no tiene derecho para violentar la voluntad de Guatemala reduciéndola a provincia suya, ni Guatemala lo tiene para forzar la voluntad de México, obligándola a entrar en sociedad con ella."

II

"Pero no basta una voluntad libre y espontánea. Es preciso que esta voluntad sea pronunciada del modo que dicta la razón por quien deba pronunciarla. El propietario es quien debe expresar sus votos sobre su propiedad particular. La nación es la que debe pronunciar los suyos sobre su interés general. No tiene un individuo derechos más santos que una nación. Sólo el dueño puede tratar de su interés individual; sólo la nación puede tratar de su interés general.

"Toda nación tiene tres derechos, sagrados a los ojos de la razón:

1° — El de unirse por sí o por medio de sus representantes para tratar los asuntos que le interesan.

2° — El de discutir, unida por sí o por sus representantes, los negocios que le importan.

3° — El de resolverlos como le parezca después de haberlos discutido.

"No basta que los individuos de un Ayuntamiento manifestasen sus votos aisladamente cada uno en su casa. Para que haya resolución legal es preciso que se unan en consejo, que discutan el asunto, que se comuniquen mutuamente sus luces, y voten después de haberlas comunicado.

"No basta que los Vocales de una Diputación expresen su opinión separadamente. Para que pueda haber acuerdo es necesario que, unidos en corporación, examinen el negocio, lo ilustren y sufraguen después de haberlo ilustrado.

"No basta que los Diputados de un Congreso hagan discursos aislados sobre un asunto. Para que haya ley es necesario que se junten en cortes, que discutan la cuestión y, declarada suficientemente discutida, den sus votos en la forma prescrita en el reglamento respectivo.

"No basta que los ayuntamientos pronuncien su voluntad cada uno en el pueblo a que corresponda. En lo que interesa a toda la nación, es preciso que la misma nación, por sí o por sus diputados, examine sus derechos, reúna luces sobre ellos y, expresando la voluntad de todos o la mayoría, decida lo que convenga al número más grande de sus individuos.

"No se diga que estas verdades solamente lo son cuando se trata de naciones ya constituidas. Aun suponiéndolo así, no habría objeción mental de la independencia. Guatemala y las provincias unidas con ella la publicaron con gozo; y en aquella acta, que fue reimpresa en papeles públicos de México, de La Habana y Colombia, se determinó que cada provincia, arreglándose al método prescrito en la Constitución española, eligiese diputados, y unidos en Congreso los electos, declarasen el gobierno que debía regir.

III

"La voluntad de Guatemala no tuvo el grado de libertad que debía tener. No daré a este punto la extensión de que es susceptible para no ofender a persona alguna. En los que opinaron contra la unión, y en los que se decidieron por ella, respeto la libertad que tengan para pensar. Es uno de los derechos más sagrados, y debe ser el más inviolable. Son diversas las organizaciones físicas, distintos los sistemas sensitivos; y las sensaciones son el origen primero de los pensamientos y raciocinios. Es preciso que haya variedad de opiniones; y si por haberla se hubiere de perseguir a los hombres, la tierra sería necesariamente un caos de sangre y horror.

"El Gobierno de México creyó que convenía al interés general de esta América formar de toda ella una sociedad grande por su extensión, fuerte por su unión, poderosa por la unidad de su sistema; invitó a las autoridades de Guatemala para formar un todo político de aquellas y estas provincias. Les dijo: El interés general de México y Guatemala es tan idéntico e indivisible, que no pueden erigirse en naciones separadas e independientes sin aventurar su existencia y seguridad. Nuestra unión, cimentada en los principios del plan abrazado universalmente en México, asegura a los pueblos el goce imperturbable de su libertad y los pone a cubierto de las tentativas de los extranjeros... Si a pesar de la evidencia y solidez que a mi juicio concurren en estas reflexiones, no bastasen al convencimiento de esas respetables autoridades, espero que se sirva V. Soberanía comunicarme a la mayor brevedad sus ulteriores determinaciones para el arreglo de las mías; en el concepto de que, desnudo de toda mira individual y poseído del más sincero respeto a la voluntad de los pueblos, jamás intentaré someterlos a la mía, aunque no es otra que la de su felicidad y bienestar. Con este objeto ha marchado ya, y debe en breve tocar en la frontera, una división numerosa y bien disciplinada, que llevando por divisa: Religión, Independencia y Unión, evitará todas las ocasiones de emplear la violencia, y sólo reducirá su misión a proteger con las armas los proyectos saludables de los amantes de su patria.

"El editor de la Gaceta de esta capital publicó, equivocadamente, que cuatro o cinco mil hombres, mandados por el Conde de la Cadena y dirigidos a Guatemala, habían ya pasado el río caudaloso de Tehuantepec.

"El Capitán General de Guatemala decía que aquellas provincias debían unirse con éstas para formar una nación libre e independiente; se penetró de este pensamiento y trabajó con fervor en la agregación de Guatemala.

"Los Comandantes de las provincias se manifestaron también decididos por la unión y cooperaron a ella con el ascendiente de sus empleos.

"Los pueblos oían por una parte que tropas de México marchaban a Guatemala, y sabían por otra que las tropas de Guatemala eran mandadas por jefes que deseaban la agregación de Guatemala. ¿Podían, en posición tan crítica, deliberar con plena libertad? ¿Podían pesar tranquilos los bienes y los males, y decidirse según la suma de ellos? ¿Tenían para este cálculo todos los datos necesarios? ¿Podían hacerlo en el breve término que se designó a los ayuntamientos?

"Figúrese un caso semejante al ocurrido. Publíquese que España manda a México tropas numerosas y bien disciplinadas; y que las tropas de México están mandadas por jefes que desean la unión con España; manifiéstese que los Gobiernos de España y de México quieren que la segunda se agregue a la primera.

"Yo aseguro que, en circunstancias tan tristes, los ayuntamientos de Tehuacán, Chalco, Tepeac, etc., obligados a decidirse dentro de diez o doce días, no tendrían plena libertad para deliberar."

IV

"Señor, no fue la voluntad de la nación la que determinó, del modo que exigía la ley, punto de tanto interés para su felicidad general. Guatemala no gozó derecho alguno de los tres que tiene toda nación. No se reunió por sí ni por sus representantes para tratar un asunto que interesaba a todos los pueblos; no lo discutió como correspondía, después de haberse reunido por sí o por sus diputados; no dio sus votos o expresó su voluntad después de haberlo discutido como dictaba la razón.

"Se mandó en circular de 30 de noviembre de 1821, que los Ayuntamientos en cabildo abierto manifestasen su opinión, y que las contestaciones de todos los que existen en un área de veinticinco mil leguas cuadradas se reuniesen con tanta brevedad, que el día último del mes siguiente de diciembre estuviesen reunidas en el Gobierno de Guatemala. El 5 de enero de 1822 no eran aún recibidas todas las contestaciones de los ayuntamientos. Lo manifesté así a la Junta Provisional; expuse que sólo en la provincia de Tegucigalpa faltaban diecisiete de otros tantos ayuntamientos; en la de San Salvador, veinticuatro; en la de Chimaltenango, nueve; en la de Sonsonate, siete; en la de Sololá, igual número, y en la de Chiquimula, cuatro; dije que no era tan urgente la necesidad de unirse a México, que no pudiese esperarse la llegada del correo para ver las contestaciones que faltaban; hice presente que, aun siendo mayor el número de las recibidas, debían esperarse las demás para ver las razones que expusiesen o atender a las condiciones que fijasen; añadí que yo no resistía la unión con México; pero que debía decidirse este asunto por la única autoridad competente para resolverlo, y que no lo eran el Capitán General, ni la Junta Provisional, ni los Diputados Provinciales, ni los Ayuntamientos.

"Los Regidores y Diputados provinciales habían sido elegidos por los pueblos para las atribuciones que les designa la Constitución; y entre ellas no se enumera la facultad de resolver si Guatemala debía ser nación independiente o provincia de México. La Junta Provisional fue creada para acordar o consultar sobre los asuntos que expresa el acta de su creación; y el Capitán General tampoco podía contar entre sus atribuciones la de decidir un negocio superior a sus facultades y a las de todas aquellas corporaciones.

"La misma Junta Provisional, el mismo Jefe Político apoyan mi opinión con la que habían manifestado anteriormente, en oficio del 11 de noviembre de 1821: Esta cuestión de interés tan grande para todas las provincias —dijo el Jefe Político— no puede ser decidida por esta Exma. Junta Provisional, ni por esa Exma. Diputación Provincial, ni por corporación alguna de las que existen constituidas. Los funcionarios no tienen otra facultad que aquella que les da la ley; y la ley no nos ha facultado para decidir si estas provincias deben serlo de México. Los ayuntamientos tampoco tienen otra autoridad que aquella que les dan los pueblos electores. Estos los eligen para tratar de las atribuciones que designa la Constitución; y en ellas no se ve la de resolver aquel punto. La voluntad sólo puede expresarse por un Congreso formado por diputados elegidos por los mismos pueblos para decidir si todos ellos deben ser provincias de Nueva España.

"No habría razón para decir que, tratándose el asunto en cabildo abierto, la Nación no era en realidad la que lo determinaba. Fueron diversos los ayuntamientos donde no concurrió el pueblo a la deliberación del negocio. Fueron varios aquellos donde se creyó que sólo los alcaldes y regidores tenían voto. Pero, aun siendo positivamente abierto el cabildo en todos los pueblos, no podía estimarse bastante la opinión aislada de los ayuntamientos. Ya lo he dicho anteriormente.

"Es precisa la reunión de los pueblos por sí, o por medio de sus representantes, porque sólo habiéndola puede haber discusión y comunicación de luces para asegurar el acierto en la resolución. El mismo pueblo que, separado de los demás, convino en la agregación de Guatemala, unido con ellos para discutir el asunto, oyendo razones, meditando recursos y purificando datos, habría tenido opinión distinta.

"Tampoco podría afirmarse que Chiapas, Quezaltenango, León y Comayagua repugnaban enviar diputados a Guatemala, y por su repugnancia era imposible formar Congreso. No es cierto que aquellas provincias repugnasen en su totalidad lo que tanto interesaba a su bien; no lo es que su voluntad fuese pronunciada de un modo legal. A mi tránsito por Chiapas oí la voz de diversos hijos suyos. Me consta la voluntad de Tegucigalpa, que me eligió diputado, y es parte grande de Comayagua. Se ha explicado con hechos la de Granada, que está en León; y consta a este Congreso que el representante de Quezaltenango pidió la separación de su provincia. Pero, aun siendo positivo lo contrario, la repugnancia de Comayagua, León, Chiapas y Quezaltenango no debía privar de sus derechos a Totonicapán, Chimaltenango, Sacatepéquez, San Salvador, Sonsonate, Escuintla, Tegucigalpa, Verapaz y Chiquimula, que estaban acordes en elegir y mandar diputados.

"No se decidió la agregación de Guatemala por la autoridad única a quien correspondía su decisión. Pero, aun siendo resuelta por ella del modo que dictaba la razón, parece que debe cesar después del acuerdo de Vuestra Soberanía, de ocho del corriente. No indico esta reflexión porque mis votos sean a favor del Plan de Iguala y Tratado de Córdova. La añado para convencer del derecho que tendría Guatemala para separarse de México, aun en el caso de que su unión hubiese sido válida."

V

"Hubo en Guatemala individuos que creyeron útil la unión de aquellas provincias con éstas; hubo ayuntamientos que la juzgaron interesante; pero ligaron sus votos a las condiciones y bases del Plan de Iguala y Tratado de Córdova; sujetaron a ellas su voluntad, y el acta acordada el 5 de enero de 1822 no fue más que expresión de sus pensamientos.

"Como las contestaciones dadas por los ayuntamientos —dice el acta de unión— lo son con vista del oficio del Serenísimo Señor Iturbide que se les circuló, y en él se propone como base la observación del Plan de Iguala y de Córdova, se ha de entender que la adhesión al Imperio de México es bajo estas condiciones y bases.

"Vuestra Soberanía declaró que una nación sólo por ella misma o por sus legítimos representantes puede obligarse a tratados; Vuestra Soberanía declaró insubsistentes el Plan de Iguala y Tratado de Córdova; Vuestra Soberanía declaró que la Nación ha quedado en absoluta libertad para constituirse en la forma de gobierno que más le acomode.

VI

"Pero supóngase nulo el valor de esta razón y las anteriores. El mayor bien posible del mayor número posible debe ser la ley grande de las naciones; y esta ley exige la independencia absoluta de Guatemala.

"La naturaleza la ha separado de México. He visto la línea que las dividía cuando eran regidas por el Gobierno Español. Pasa por una montaña alta y escarpada.

"Todos los elementos que forman el sistema físico de un país son diversos en una y otra. La posición geográfica de Guatemala, su figura, su extensión, su atmósfera, su temperatura, sus tierras, sus aguas son distintas de las de México.

"Los elementos que constituyen el sistema económico, indicados siempre por el sistema físico; los trabajos, los géneros de cultivo, la industria, el giro y los productos tampoco pueden ser idénticos; y los usos, las costumbres, los caracteres, los principios que componen el sistema moral deben también ser diversos.

"La diferencia de sistemas físicos la producen en los sistemas económico y moral; y la diversidad en uno y en otro la exige en el político. Todo está enlazado en la naturaleza. El gobierno de los Estados pequeños debe ser distinto del de los Estados grandes. La administración de los países pobres debe ser diversa de la de los países ricos.

"No soy yo quien lo dice: los maestros de la ciencia son los que lo han dicho: En cada país existen causas naturales por las cuales se puede asignar la forma de gobierno a que arrastra la fuerza del clima, y manifestar la especie de administración que deben tener sus habitantes... Si es cierto que el carácter del espíritu y las pasiones del corazón se diferencian en cada clima, las leyes deben ser relativas a la diversidad de estas pasiones y a las diferencias de estos caracteres. Las circunstancias que deben variar la legislación son de dos especies: unas dependen de causas puramente físicas, y otras de causas morales. El clima, el suelo, las circunstancias geográficas producen diferencias necesarias y permanentes. El Gobierno, la

religión, las costumbres, las producen también el mismo carácter...
En los pueblos donde hay grandes riquezas, hay ordinariamente
esclavitud porque hay mayor desigualdad, y la desigualdad es la
mayor desdicha de los hombres.

"Guatemala, independiente de México, creará el gobierno que
convenga más a sus intereses, tendrá en su mismo seno el poder
legislativo que le dicte leyes benéficas, y el ejecutivo que las haga
cumplir; sus representantes no serán compelidos a atravesar
quinientas, ochocientas o mil leguas de caminos ásperos, despoblados
y malsanos en algunos puntos; sus pueblos harán ahorros en los gastos
de viáticos y dietas de los diputados, y el numerario que consumen
éstos quedará en los mismos pueblos y circulará por ellos; sus
provincias no harán bienalmente el sacrificio sensible de privarse del
servicio e influjo inmediato de las personas más dignas de confianza;
la ilustración de sus hijos será extendida y adelantada oyendo los
acuerdos de su Congreso y los discursos de los individuos que lo
formen; su gobierno estará en manos de sus mismos hijos, dedicado
exclusivamente a la felicidad de aquellas provincias; sus ciudadanos
más beneméritos serán premiados con los empleos que merezcan por
sus talentos y virtudes; sus hijos cultivarán su espíritu y formarán su
corazón sabiendo que el mérito tendrá premios proporcionados a su
especie y magnitud; sus asuntos tendrán giro rápido, no estando
distante el centro principal de su movimiento: no serán costosos ni los
interesados en ellos se verán obligados a trepar montañas ni atravesar
climas para activar su curso; su industria rural, fabril y mercantil,
fomentada por un gobierno hijo de los mismos pueblos, será
extendida y perfeccionada; Costa Rica, León y Comayagua,
colocadas en medio de las dos Américas, con puertas a los dos
océanos, y a pequeña distancia los del Norte de los del Sur, dilatarán
sus relaciones y serán con el transcurso del tiempo el emporio del
comercio; San Salvador, gozando lo que deseaba, aumentará las
cosechas del fruto precioso que ha hecho su riqueza y la de los otros
pueblos; Chiquimula y Verapaz aprovecharán las ventajas de su
posición geográfica; Quezaltenango, llamada por su temperatura a
ramos de industria que no pueden cultivarse en otros partidos,
desplegará su energía y doblará su riqueza; Sonsonate verá en su
puerto multitud de barcos y estrechará sus relaciones con Sur

América; Chiapas, que tiene tantos artículos de cultivo y fue rica o menos pobre en los tiempos anteriores, será todo lo que puede ser una provincia fecunda y extensa."

Guatemala agregada a México presentaría cuadro muy diverso. Quedaría privada de todos los bienes que le promete su justa independencia. Tendría una representación mínima comparada con la de todas las provincias de Nueva España; sería en el Congreso de México lo que era la América en las Cortes de la Madre Patria; se vería sujeta a leyes dictadas según las circunstancias de estas provincias, y poco o nada proporcionadas a las de aquellas; tendría una parte muy pequeña en la atención del Gobierno, llamada a los asuntos de México que por su inmediación la reclamaría más imperiosamente; sería provincia de un Estado inmenso, que por su misma inmensidad no podría ser bien gobernado.

"Desde los límites de Panamá, a donde se extienden los de Guatemala, hasta la línea divisoria de los Estados Unidos, a donde se dilatan los de Nueva España, hay un espacio de 144.630 leguas cuadradas, según el cálculo de unos, y de mayor extensión según el de otros. No es posible crear un gobierno capaz de administrar bien a pueblos tan distantes unos de otros, colocados a distintos paralelos, de diferentes grados de civilización, de costumbres, idiomas y caracteres distintos.

"Es diversa la energía de los gobiernos según la forma que los distingue. Pero cualquiera que sea su naturaleza, es preciso que sean hombres los que gobiernen; y el talento más sublime, el genio más vasto, no puede dilatar la esfera de su actividad a un espacio tan inmenso.

"Sólo el territorio de lo que se ha llamado Nueva España forma una área que es difícil o imposible que pueda dilatarse a la atención más activa. La memoria presentada el año anterior por los Diputados de las provincias internas de Occidente manifestaba que el Nuevo México, la Nueva Viscaya, Sonora y Sinaloa están muy mal administradas. Las dos Californias son todavía yermos incultos, donde apenas se computan siete individuos en cada legua cuadrada. El estado de las provincias internas de Oriente, dirigido al Gobierno por el Capitán General de ellas, prueba la despoblación y atraso del Nuevo Santander, Tejas, Nuevo Reino de León y Coahuila. En

Oajaca, que tiene tantos artículos de riqueza, caminé ochenta y ocho leguas desde la montaña del Chilillo, y no vi en el tránsito más que una villa de pequeña población y ocho pueblos infelices, imagen triste de la miseria y la desnudez. En las demás provincias hay todavía tierras que cultivar, ramos de industria que promover, artículos que fomentar.

"Teniendo México un gobierno que se ocupe exclusivamente en su felicidad, cultivará los desiertos que hay en su superficie; fomentará las artes que le faltan; perfeccionará las que tiene; dilatará su comercio, y la fama de su riqueza será verdadera y bien distribuida.

"Teniendo un gobierno que divida la atención entre estas provincias y las de Guatemala, no podrá hacer igual bien; se atrasará en su movimiento; y formando un todo excesivamente vasto, le será imposible conservar mucho tiempo su integridad. 'Es más fácil —decía un filósofo— conquistar que gobernar. Con una palanca puede un dedo mover el mundo; pero son necesarias las espaldas de Hércules para sostenerle.'

"La extensión de un Estado debe ser proporcionada a la energía de que sea capaz su gobierno. En un territorio inmenso es muy difícil mantener el orden interno y repeler las agresiones en lo exterior. Para que un Estado —dice Montesquieu— esté en su verdadera fuerza, es necesario que haya proporción entre la velocidad con que se pueda ejecutar en su contra alguna empresa y la prontitud que pueda emplear para hacerla ilusoria... Si el que ataca puede presentarse en todas partes, el que defiende es necesario que pueda también manifestarse en todos los puntos; y por consiguiente, la extensión de un Estado debe ser mediana para que sea proporcionada al grado de velocidad que la naturaleza ha dado a los hombres para trasladarse de un lugar a otro...

"El despotismo, que gobierna por la fuerza y no conoce otro principio, somete a su voluntad pueblos lejanos, esparcidos en territorios inmensos; pero el despotismo es elemento preciso de destrucción. Hay elasticidad en todos los seres de la naturaleza; y este activo resorte lucha sin interrupción contra el peso que la oprime. Lo que se sostiene por la fuerza es siempre costoso y de pequeña duración. Sólo aquello que es espontáneo, sólo aquello que es benéfico dura años sin sacrificios, sin fuerzas, sin costos dolorosos.

"Guatemala, viéndose agregada a México precisamente en los momentos en que comenzaba a ser nación independiente, viéndose sujeta a gobierno distante, en los mismos días en que se separó de España por la distancia, comenzará a meditar planes de independencia de México, así como supo formarlos de independencia de Madrid. México empezará, en la necesidad de mantener la fuerza necesaria, a hacer los gastos consiguientes; se hallará comprometida a proveer los primeros empleos en hijos de estas provincias. Nacerán la desconfianza, la rivalidad, los odios, los encones y todas las pasiones tristes que dividen a los hombres. El hijo de Guatemala y el de México, que deben amarse por haber nacido en una misma América, serán enemigos uno de otro. Habrá guerras intestinas; se derramará sangre, y la felicidad, que sólo existe en los períodos de paz cuando se respetan los derechos de los hombres y se trabaja en su verdadero bien, desaparecerá de unos pueblos que parecen destinados por la naturaleza a objetos grandes y venturosos.

"Interesa al bien general de este continente que todos los Estados de América estrechen las relaciones para sostener su justa causa y elevarse al grado más alto de riqueza. Desde marzo de 1822, dije:

1° — Que en la provincia de Costa Rica o de León se formase un Congreso General, más respetable que el de Viena, más importante que las dietas donde se combinan los intereses de los funcionarios, y no los intereses de los pueblos.

2° — Que cada provincia de una y otra América mandase para formarlo sus diputados o representantes.

3° — Que unidos éstos y reconocidos sus poderes, se ocupasen en la resolución de este problema: trazar el plan más útil para que ninguna provincia de América sea presa de invasores externos, ni víctima de divisiones intestinas.

4° — Que resuelto este primer problema trabajasen en la resolución del segundo: formar el plan más eficaz para elevar las provincias de América al grado de riqueza y poder a que pueden subir.

5° — Que fijándose en estos objetos formasen:

a) La federación grande que debe unir a todos los Estados de América.

b) El plan económico que debe enriquecerlos, firmando el tratado general de comercio, distinguiendo con protección más liberal el giro recíproco de unos con otros, y procurando la creación y fomento de la marina que necesita una parte del globo, separada por mares de las otras."

Pero un Estado no debe mezclarse o tener intervención en el gobierno de otro. En la América no debe imitarse la política injusta de la Europa. Que Chile se constituya como le parezca; que Guatemala elija el gobierno que le convenga; que México forme la Constitución que le interese. Ni Chile tiene derecho para mezclarse en los asuntos de Guatemala, ni en Guatemala lo hay para introducirse en los de México, ni en México puede haberlo para intervenir en los de Chile y Guatemala. Si unos quieren mezclarse en la administración de otros, la América será como la Europa, un caos de sangre, de muerte y de horror.

México quiere ser Estado independiente; y en Guatemala debe suponerse el mismo deseo. Sólo la voluntad libre y espontánea de la segunda podrá agradarla al primero; y no ha existido esta voluntad pronunciada libremente por la única autoridad que podía expresarla, que es la nación por sí o por medio de sus representantes.

"La unión de Guatemala con México es nula, porque lo es todo aquello que no se pronuncia por la única autoridad que puede pronunciarlo; es nula porque no hubo el grado necesario de libertad. Mientras exista en Guatemala una sola bayoneta de México, podría decirse que no es libre el acto en que se pronuncia su unión. Para que los votos de aquellas provincias se expliquen libremente, y los actos de su Congreso sean expresión verdadera de su voluntad, uno mi voz a la de los señores diputados Gómez, Faría, Mayorga, Orbegoso, Sánchez, Orantes, Valle (D. Fernando), Montúfar, Andrade, Serrano, Aranda, Castillo Baxa, Ortiz, Villar, Castaño y Cobarrubias.

"Pido: que Vuestra Soberanía se sirva declarar que las tropas de México, mandadas por el brigadier D. Vicente Filísola y sus oficiales, deben retirarse inmediatamente de todo el territorio de Guatemala".

El mismo 12 de abril de 1823 fue reconocida la independencia de Guatemala y se mandó retirar las tropas comandadas por Filísola. Era éste, pues, el colmo triunfal de una campaña de varios meses, por medio de la tribuna, a través de la prensa, en la curul parlamentaria y, en fin, usando todos los vehículos de la palabra hablada y escrita. Algún tiempo después, Valle emprendía regreso a la tierra materna, con la satisfacción del deber cumplido. Nueva vez limpiaba el rostro de la patria abofeteada. Pero nadie podía predecir que fuera ésta su última oportunidad para rescatarla del martirologio.

De nuevo inmerso en la política vernacular, dos veces fue elegido Presidente de Centroamérica. En la primera no tuvo acceso al sillón presidencial por un fraude que tramaron los entreguistas recalcitrantes. Y en la segunda tampoco, porque Dios, en su Reino, necesitaba acompañarse de un espíritu ecuánime, excelso y generoso, y lo llamó a su seno el 2 de marzo de 1834.

CAPÍTULO V: ACTUACIÓN EN EL CONGRESO CONSTITUYENTE. VALLE, PRECURSOR DEL DERECHO CONSTITUCIONAL MEXICANO

Tal como hemos explicado, el 5 de enero de 1822 se resolvió la anexión a México, sin otra protesta que la de José Cecilio del Valle.

Cierto que los cacos repugnaban del acto en sí; pero como entre ellos se habían creado ya profundas escisiones, prefirieron que el enemigo común consumara la infame entrega para no darle gusto a los contrarios. De ahí que aquellas gargantas que el 15 de septiembre hicieron de tanto patrioterismo retórico, brillaran por su ausencia en esta oportunidad. Mientras un esparadrapo de silencio acallaba la voz de los patricios, un varón a quien tildaban de españolista y reaccionario fue el único que, con la entereza de un espartano y la visión de un iluminado, expresó criterio adverso condenando el liberticidio que en ese instante se estaba cometiendo.

Meses más tarde, cuando se supo que Valle estaba electo Diputado al Congreso Constituyente de México por las provincias de Tegucigalpa y Chiquimula, el Gobierno de aquel país trató de obstaculizar, por todos los medios a su alcance, el acceso del ardiente anti-anexionista a la curul parlamentaria.

El 14 de mayo de 1822, la Comisión de Credenciales examinaba las de los Licenciados José Cecilio del Valle y Juan de Dios Mayorga, Diputado éste que también ostentaba la representación de Chiquimula. Y el 10 de junio siguiente, se leía el respectivo dictamen en el seno de la Asamblea. Como había especial interés en anular la elección de algunos Diputados que, como los mencionados y el patricio Don Cirilo Flores, representante por Quezaltenango, habían dado reiteradas muestras de repudio a la anexión, el Congreso le negó validez a la elección de Chiquimula en favor de Valle; y de no haber tenido éste la credencial por Tegucigalpa, no habría puesto pie en aquel histórico recinto, con lo cual, seguramente, habría cambiado la suerte de Centroamérica.

Ya hemos dicho que desde su llegada a la Nueva España, el prócer chorotega se consagró a trabajar por la causa que brujulaba su existencia. Su oratoria era fulminante, y su argumentación rotunda e irrebatible. Por éstas y otras circunstancias, sus colegas lo eligieron Vicepresidente del Congreso Constituyente, el 24 de agosto de 1822.

En el Diario de Sesiones obran numerosos pasajes que hacen fe sobre su enorme versación parlamentaria, cualidad que, destacándolo como el adversario más temible del Imperio, lo condujo también, en glorioso martirologio, hasta el lóbrego fondo de la cárcel, de donde salió para asestarle el golpe definitivo a un sistema de gobierno que ya no respondía a las exigencias de aquel momento histórico.

Según el Diario de Sesiones ya mencionado, casi no hubo materia tratada en la Asamblea que no contara con la ilustrada intervención de Valle, quien, a fuer de incansable trabajador, formó parte de varias comisiones especiales, sin perjuicio de cumplir sus deberes en las Comisiones Unidas de Constitución y Legislación, donde también figuraban los Centroamericanos Mayorga y José Santiago Milla, Diputado este último por el Departamento de Gracias.[9]

Veamos, a ojo de pájaro, algunas de las actuaciones parlamentarias de Valle en esta primera etapa, es decir, antes de caer prisionero:

a) el 7 de agosto aboga por que el aguardiente de uva fabricado en las provincias independientes pague un treinta por ciento de impuesto, y el vino un veinticinco;

b) el 14 presenta un alegato en favor de la libre expresión del pensamiento, lo cual en aquellas circunstancias significaba una proeza, ya que nadie osaba levantar la voz para denunciar la opresión que pesaba sobre el pueblo; el Diario de Sesiones se refirió a este asunto, diciendo que "el criterio del señor Valle es muy distinto y acaso original en esta parte".

El 16 interviene en la discusión sobre el nombramiento de Magistrados del Tribunal Supremo y desarrolla una de sus más luminosas exposiciones, sosteniendo que dichos funcionarios deben ser electos por el Congreso y no designados por el Ejecutivo, pues su misión es técnica y en tal forma ajena a la política, que debe mantenerse al margen de cualquier intervención por parte de los otros poderes del Estado. Este alegato es uno de los que le han valido el título de precursor del Derecho Constitucional Mexicano, al decir de notables juristas del Anáhuac.

---

[9] La anécdota de que Valle, en México, al ser interrogado por unos estudiantes, contestó: «Honduras produce oro, plata, ópalos y hombres como José Cecilio del Valle», es de mal gusto, inexacta y antipatriótica, pues tiende a exhibir al apóstol como tonto y antipático, siendo, por el contrario, muy sencillo y cordial en su trato, como lo refieren muchos periódicos de entonces.

El 19 propone un procedimiento para expeditar con rapidez y eficiencia el pago de dietas y sueldos a los Diputados;

el 22 toma parte en un acalorado debate sobre la distribución de tierras por el Gobierno, y el 23 culmina con otra pieza maestra al discutirse la Ley de Colonización (o de extranjería, como diríamos en lengua actual.

El 24, su prestigio era tan sólido que lo eligieron Vicepresidente, como ya se dijo. Y siendo la figura más brillante de aquel cónclave, ¿por qué entonces no llegó a la Presidencia, se pregunta uno al instante? Sencillamente por no ser mexicano ni partidario de la anexión. Y era el momento en que Iturbide creía tenerlas todas consigo.

El mismo 24, nuestro flamante Vicepresidente se pronuncia en favor de un dictamen sobre la petición formulada desde Guatemala por el ciudadano José Francisco Barrundia, relacionada con la administración de fondos de comunidades, que estaban siendo despilfarrados.

El 31 de agosto, en el seno del Congreso cunde la noticia de que varios Diputados guardaban arresto por orden del Emperador. Entre los reos figuraban ilustres parlamentarios que no tenían otro pecado que adversar la arbitrariedad y combatir la injusticia. Valle, desde luego, encabezaba la lista, siendo los restantes: Bustamante, Mier, Gutiérrez, Fagoaga, Echenique, Zebadúa, Carrasco, Tagle y Obregón.

El 13 de septiembre siguiente, se da lectura a un dictamen de las Comisiones Unidas de Constitución y Legislación, adversando la creación de tribunales especiales, por estar contra el espíritu de la Constitución, que proclamaba la igualdad ante la ley. El dictamen fue redactado por Mayorga bajo la dirección de Valle. Sus argumentos eran en tal forma irrebatibles, que a partir de entonces quedó consagrado en el derecho público de México el principio de que nadie puede ser juzgado por comisiones ad-hoc o tribunales especiales, principio que más tarde se generalizó a través de la América Latina.

El dictamen de mérito triunfó aun contra el parecer de muchos representantes gobiernistas que deseaban aprovecharse de aquellos tribunales para ejercer abyectas discriminaciones. Valle, su autor, guardaba prisión en el Convento de Santo Domingo desde el 26 de agosto; pero su pensamiento seguía demoliendo uno a uno los torreones vitales del Imperio.

En decreto de febrero 18 de 1823, Iturbide nombra a Valle Ministro de Relaciones Interiores y Exteriores de México, en gesto desesperado por conjurar las serias dificultades que confrontaba. Sabía el ex-patriota mexicano que sólo un hombre como aquél, político de fino tacto y jurista experimentado, podía hacerle frente a la tormenta que se le venía encima.

Valle rehusó por dos veces el honor que se le ofrecía; pero ante la insistencia del Emperador, no tuvo otro camino que aceptar.

Su labor durante el brevísimo tiempo en que le tocó desempeñar su doble papel de Premier y Canciller fue en un todo relevante. Señalemos ligeramente algunas de sus actuaciones:

a) Decreto para mantener el orden público;

b) Circular convocando a la reinstalación del Congreso Constituyente;

c) Publicación por bando del Plan de Administración Gubernativa en materia económica y judicial;

d) Comunicación de que el Emperador ha resuelto reinstalar el Congreso Constituyente;

e) Publicación del Dictamen emitido por el Consejo de Estado sobre la restauración del Congreso;

f) Publicación del Plan de Gobierno para la organización política y económica del Imperio;

g) Felicitación y agradecimiento al Comandante General Don Manuel Gómez Pedraza por su interés en fomentar la educación en Tampico;

h) Comparecencia ante el Congreso Constituyente para dar cuenta de su conducta frente a los hechos de Casa-Mata;

i) Circulación por bando de un Decreto de Iturbide para reprimir las asonadas, los motines y los tumultos;

j) Circular de policía comunicada al Congreso Constituyente;

k) Nota a los señores Diputados proponiendo medios de conciliación nacional;

l) Comunicación al Congreso haciendo del conocimiento de este Alto Cuerpo que el Emperador Iturbide ha decidido expatriarse voluntariamente para evitar mayores males a la República;

m) Firma de los arreglos con los Comisionados del Congreso para que Iturbide abandone el poder; etcétera, etcétera.

En suma, las principales preocupaciones de Valle como miembro del Gabinete de Gobierno fueron: la reinstalación del Congreso Constituyente, disuelto meses atrás por el golpe de Iturbide que llevó a la prisión a muchos Diputados, inclusive a él mismo; la conciliación del pueblo mexicano como base de progreso y engrandecimiento nacional; la estructuración de un plan económico capaz de asegurar la prosperidad de la República, y el fomento de la cultura nacional.

Como resultado de la combustión pasional que iba subiendo progresivamente, el Congreso interpeló al nuevo Ministro, justo a los catorce días de haber asumido éste su cargo, pidiéndole cuenta de sus actuaciones frente a los hechos de Casamata. A lo que el interpelado, defendiéndose en conceptuoso discurso, contesta que él aceptó las carteras compelido por las circunstancias que todos conocían, recordándoles al mismo tiempo que él vino desde Guatemala únicamente por servir a su Patria y que en todo momento había dado muestras de lealtad a Centroamérica y de adhesión al Congreso, del cual era miembro en calidad de Diputado. Que todos conocían los sacrificios y la prisión que él sufrió por oponerse a la Anexión.

Con esas y otras argumentaciones semejantes, el docto Super Ministro salió airoso de la prueba.

Cuando el Emperador tomó la determinación de abdicar, Valle fue el encargado de hacer los arregques a fin de que saliera del país con las garantías necesarias para él y su familia, ahorrándose el derramamiento de sangre fraterna. Es seguro que, de no haber actuado Valle en ese delicado asunto, las cosas habrían adquirido un cariz de gravedad.

El 25 de marzo, cumplidos estos deberes, interpone su renuncia, pero no le es aceptada. Antes bien, el 2 de abril siguiente el Ejecutivo lo nombra Secretario del Despacho de Justicia y Negocios Eclesiásticos y le encarga interinamente las demás Secretarías de Estado, según comunicación del Ministro General, José Ignacio García Ilueca.

Era un período de transición, extremadamente delicado, el que se estaba viviendo, y se estimaba que sólo el gran Chorotega podía hallarle solución a problemas tan complejos[10]. Pero Valle insiste en separarse del Ejecutivo para ocupar su curul en la Asamblea Constituyente y, ante tales argumentos, se le acepta su renuncia.

El Congreso prosigue en su patriótica labor. Se inicia la reconstrucción de la República. En ese gran proceso, el aporte del Diputado istmeño es sin duda el más valioso, sin desconocer, por supuesto, que en tan augusto cónclave hacían oír su voz notables estadistas mexicanos y centroamericanos.

El 12 de abril, Valle pronuncia un elocuente discurso pidiendo la inmediata separación de Centroamérica. Ese discurso, la pieza más completa de Derecho Constitucional que se escuchó jamás en aquel ilustre recinto, culminó con el cese ipso facto de la anexión y el retiro de las tropas mexicanas que estaban en Guatemala, todo lo cual queda explicado anteriormente.

Diez días después, o sea el 22, Valle volverá a tratar con igual calor patriótico la ruptura de la Anexión, como para clausurar toda posibilidad de retorno al pasado reciente.

El 16 de abril se promovió en el seno del Congreso un incidente relacionado con la prisión que sufrieron algunos de sus Diputados. Se trataba de que, establecida su inocencia de los cargos que se les imputaban, era de justicia otorgarles un voto de desagravio. La discusión se alargó por varias horas, pues había argumentos de ambos bandos, y entonces Valle intervino inclinando la balanza del lado afirmativo.

El 19 del mismo, Valle aboga porque se acredite ante el Vaticano a un Comisionado de la nueva República, con instrucciones expresas de tratar vitales asuntos con Su Santidad, cuya influencia en las Cortes europeas era, en muchos aspectos, decisiva.

El 3 de mayo subsiguiente, el Congreso Constituyente encara la empresa de redactar una nueva Constitución para la joven república mexicana. Y es al egregio centroamericano a quien se elige para que presida la Comisión encargada de preparar las bases de ese monumento.[11]

---

[10] En el «Diario Liberal», de México (16 de junio de 1823), aparece una referencia a Valle, reconociendo que es un <Ministro Sabio>.

[11] Carlos María Bustamante, ilustre mexicano, colega de Valle, a quien siempre adversó, dice en su «Diario Histórico de México»: «También se han

Por esos mismos días, la alta representación nacional tiene conocimiento de que han llegado a México unos Comisionados de España a tratar varios problemas de especial interés para ambas partes. Valle entonces aconseja que cualquier negociación debe hacerse sobre estas bases:

a) el reconocimiento de México como nación soberana; y

b) la no disposición de recibir en calidad de monarca a ningún príncipe de las dinastías europeas.

La sabiduría y la oportunidad de estas premisas están por encima de toda ponderación, pues de haberse respetado ambos principios por parte de las testas coronadas, no habría hallado su cadalso Maximiliano de Austria en el Cerro de Las Campanas.

En octubre de 1823, el Diputado Isidro Montúfar pidió al Congreso que dejara en libertad a los diputados centroamericanos para retirarse a sus respectivas circunscripciones. A su vez, Valle pidió permiso para volver a Guatemala, donde asumiría sus funciones como miembro del Poder Ejecutivo. La Comisión nombrada para resolver sobre tales peticiones, compuesta por los señores Cantarines, Herrera e Iriarte, propuso:

"1° — Que mientras el Congreso de Guatemala no resuelva sobre su segregación o unión de aquellos pueblos al territorio mexicano, no pueden sus Diputados retirarse, sino que permanezcan en el seno de vuestra Soberanía con el mismo carácter y atribuciones que hasta aquí; y

2° — Que puede el señor Valle retirarse al desempeño de las funciones a que es llamado en Guatemala".[12]

---

leído hoy las Bases de la Constitución para una República Federal, con un discurso pleno de sabiduría, que admiró al Congreso y al auditorio, obra del Diputado por Guatemala, Don José Cecilio del Valle...»

Por su parte, el Profesor Felipe Tena Ramírez, catedrático de Derecho Constitucional en la Universidad Nacional Autónoma de México, exalta la contribución de Valle a la estructuración del Derecho Constitucional Mexicano, atribuyéndole un valor de primer orden.

[12] El Congreso de México trató este asunto en octubre, o sea tres meses después de haberse proclamado la independencia de Centroamérica, hecho éste que tuvo lugar el primero de julio de 1823. Tal desconocimiento se explica por la enorme distancia y la lentitud de las comunicaciones.

Y así regresa Valle al seno de la Patria amada, después de prestarle próceres servicios a la causa de la libertad. Durante su estancia en tierra de Moctezuma, publicó en "El Sol", de la capital azteca, varios trabajos científicos, entre ellos un estudio sobre la Cátedra de Botánica, recién instalada en Guatemala, así como su "Prospecto sobre la Historia de Guatemala".

En la tierra natal, aullaba la pasión sectaria, exigiendo su tributo de sangre fraterna. Entonces Valle, enarbolando el estandarte de la concordia, consiguió domeñar la tempestad. Y esta labor, unida a su actitud en la defensa de los patrios intereses, le valió su postulación como candidato a la presidencia de la República Federal. Pero el fraude advino con todo su descaro, y Centroamérica tuvo que privarse del único estadista que podía salvarla en horas tan cruciales.

Rafael Heliodoro Valle, refiriéndose al drama de entonces, dice:

"Hay una personalidad que en aquellos días históricos sobresalió por su presencia, su cabalidad de estadista y su señorío intelectual: José Cecilio del Valle. Frente a las pasiones del demagogo exacerbado —uno de ellos José Francisco Barrundia—, él enarboló al político que le toma el pulso a la realidad y que no se conforma con estudiar en los libros, sino que sabe aquilatar los valores humanos. Su trayectoria en aquella etapa convulsa fue un zigzag: corifeo del partido españolista desde las columnas de 'El Amigo de la Patria', redactó más tarde el Acta de Independencia de Centroamérica; fue Diputado al Congreso Constituyente de México, en el que se distinguió por su luz mental y su elocuencia; y de la prisión en que estuvo por considerársele conspirador contra Iturbide, salió para ocupar la Secretaría de Relaciones Exteriores y ser, poco después, uno de los protagonistas de la caída del Imperio y pedir la emancipación de Centroamérica, al darse cuenta de que el nuevo régimen que advenía en México planteaba otro orden de cosas en su país. Pero Valle nunca creyó, a pesar de haber trabajado por el retiro de las tropas de Filísola, que Centroamérica y México debían romper sus vínculos culturales y fomentar antagonismos. Fue acaso el único político de entonces que escrutó con ojo certero hacia el porvenir, reiterando su fe en que el hombre de estudio, y no el parlanchín de plazuela, es quien debe avocarse al análisis y resolución de los problemas nacionales."[13]

Justo es decir aquí que otro gran centroamericano de ese tiempo fue Juan de Dios Mayorga, quien después de su brillante actuación en el Congreso Constituyente, pasó a desempeñar la plenipotencia de Centroamérica ante el Gobierno de México. Mayorga trabajó con Valle en numerosos proyectos y es famosa su intervención en el caso de Chiapas, cuyo territorio se disputaban los Gobiernos de México y Centroamérica. A él le tocó recibir la nota del Ministro de Relaciones Exteriores, Don Lucas Alamán, comunicando que el Gobierno de México, en Decreto N° 73 de 20 de agosto de 1824, había resuelto reconocer la independencia de Centroamérica.

Y no menos ilustres son los nombres de otros diputados centroamericanos ante el Congreso de México. Bástenos recordar, por ahora, a Isidro Montúfar, de Guatemala; Antonio José Cañas, de El Salvador; Juan Lindo, de Honduras; José Antonio López de la Plata, de Nicaragua; y Fray Florencio del Castillo, de Costa Rica. ¡Loor a ese equipo de titanes, porque merced a ellos tenemos una Patria que significa pan, alfabeto, techo y medicina para once millones de almas!

---

[13] Documentos de la Anexión de Centroamérica a México». Publicaciones de la Secretaría de Relaciones Exteriores. Tomo 7, México, D. F., 1949.

CAPÍTULO VI: FAVORITO DE LA CIENCIA

MINERALOGÍA, BOTÁNICA, ZOOLOGÍA, FÍSICA Y QUÍMICA

Desde temprana edad, José Cecilio del Valle se consagró al servicio de la ciencia. En pleno siglo diecinueve, cuando ya las especialidades se iban imponiendo como norma de la vida, el bisoño líder ejercía un rectorado intelectual en América Latina. Sus trabajos en diversos campos científicos han causado con justicia el asombro de nuestros contemporáneos. ¡Cuánta profundidad y amplitud se advierte en sus conceptos! ¡Cuántos hechos histórico-sociales logró predecir, gracias a la penetración de su genio! Su mirada taladraba el futuro y su voz dejó latiendo el eco sobre el temblor de las edades.

En las ciencias naturales elaboró numerosos trabajos, que son por regla general el resultado de sus personales investigaciones. Su gabinete de labor, que se conserva intacto merced a la filial solicitud de sus descendientes, consta de nutridos y valiosos elementos.

En Mineralogía escribió varios estudios, siendo digno de especial mención el que se refiere a los minerales del suelo americano.

La Botánica y la Zoología constituyeron para él motivo de seria atención científica. Sobre "Vegetales" redactó algunos artículos, haciendo clasificaciones y divisiones según los usos. Así los llama: medicinales, fabriles, venenosos, alimenticios, tintóreos, etc.

Durante sus períodos parlamentarios hizo hincapié en la necesidad de aclimatar en Centroamérica muchas plantas útiles. Recordemos la iniciativa mediante la cual debía comisionarse al señor Juan de Dios Mayorga, enviado de Centroamérica ante el Gobierno de México, para:

"1°) — Que el Gobierno le recomiende que cuando verifique de los vegetales que no existiendo en nuestras tierras pueden ser de mayor provecho; y

2°) — Que ponga a su disposición cien pesos para gastos de conducción de los que trajere".

Hablando de las numerosísimas especies de la América, ha dilatado más los límites de la Botánica. Los sabios más grandes son los que han dejado la Europa para venir a la América a observar las riquezas vegetales de este inagotable continente.

"Hernández pasó de la antigua a la Nueva España; estuvo siete años observando sus plantas, escribió muchos volúmenes, y no pudo, a pesar de esto, describirlas todas. Plumier hizo de Francia a la América tres viajes distintos para examinarlas; herborizó dos años en el primero; trabajó dos obras y tampoco pudo agotar el número de vegetales. Feuille abandonó el mismo suelo para estudiar los del Perú, Chile y las costas orientales de la América del Sur; fueron grandes sus trabajos y jamás pudo terminarlos. Jussieu viajó treinta y cinco años por el Perú y otras provincias de la misma América; hizo colecciones preciosas, y no pudo acabar sus trabajos. Kalm le siguió en ellos; fueron infatigables, y sin embargo de serlo nunca llegó al fin. Loefling, el discípulo amado de Linneo, salió de Cádiz el 15 de febrero de 1754; llegó a Cumaná en abril siguiente, y a los seis meses tenía una herbarización rica; descubrió nuevos vegetales, y regresó a Europa en 1756. Igualmente el año de 1773, en las costas del Brasil, Buenos Aires y el Paraguay, Ruiz y Pavón recorrieron después por espacio de quince años el Perú y Chile; formaron herbarios que admiraron Londres y París, y sus sucesores encontraron después especies nuevas que escaparon a sus ojos. Sesé, al frente de expedición distinta, herborizó en Nueva España; describió y dibujó multitud de plantas, y aquella vasta región tiene todavía vegetales desconocidos. Michaux observó doce años la América del Norte desde 1785, mandó a Francia 60.000 pies de árboles y 40 cajones de semillas; multiplicó las observaciones, y no pudo apurar el fondo. Don Luis Noé, ese hombre infatigable que en honor a la ciencia emprendió cuantos trabajos podían arrostrarse, salió de Cádiz en 1789; hizo herborizaciones en Montevideo, Talcahuano, Chile, Chillán, etc.; recorrió la Cordillera de los Andes; llevó a España en 1794 diez mil plantas, y después de sus viajes dilatados y penosos, se han encontrado especies y géneros nuevos. Tafalla y Manzilla extendieron sus observaciones desde el Perú hasta Guayaquil; adelantaron las conquistas vegetales, pero no pudieron llegar a la meta. Mutis, a quien la América del mediodía debe luces y conocimientos dignos de gratitud, fue en 1782 director de otra expedición en el Nuevo Reino de Granada; trabajó cuarenta años en aquella provincia; hizo un herbario de más de 24.000 plantas; el General Morillo, en 1818, mandó a Madrid 105 cajones de minerales, vegetales, etc., acopiados por aquel sabio; y Humboldt y su digno compañero Bonpland encontraron después otras especies en la misma América del Sur. No habían recorrido más que una parte de ella, y su colección, en 1803, antes de concluir su viaje, pasaba de 4.200 plantas, en países, dice, donde la naturaleza se complace en derramar sus gracias y multiplicar vegetales de nuevas formas y fructificaciones desconocidas..."

Terminado el drama de la anexión, José del Valle regresó en septiembre de 1823. El período previo a la salida fue de observación sobre la realidad moral y material de México. Hizo nutridas glosas, penetró fenómenos sociales, inquirió en la Geografía, en la Historia y en todos los terrenos que provocaban su afán de trazar las leyes del conocimiento.

Oigámosle ahora relatar esta parte de su viaje: "Deseaba hacerlo (el viaje de regreso) con todo el provecho posible, y busqué con este objeto los instrumentos más útiles. Pero no pude conseguir más que un barómetro y termómetro de la escala Farenheit.

"Sin tener otros auxilios para llenar el afán de quien deseaba trabajar, me propuse:

1° — Tomar la altura sobre el nivel del mar, de los lugares principales del tránsito; formar tablas, una de alturas barométricas, según el procedimiento de D. Francisco Caldas; comparar unos con otros los resultados, y deducir las ventajas y desventajas del método ingenioso de aquel observador, hijo de la otra América, digno de los elogios de Humboldt, y uno de los que más han trabajado en este siglo para el progreso de las ciencias naturales.

2° — Observar la opinión de los pueblos —que la tuviesen— especialmente sobre la independencia de Guatemala, que era mi asunto predilecto.

3° — Llevar un Diario de mi viaje, expresando las distancias de los pueblos, según la voz o juicio común, manifestando sus temperaturas y apuntando lo más notable que hubiese en cada uno de ellos.

"No pude ejecutar en su totalidad este plan, porque en la Venta Salada, a siete leguas de Tehuacán de las Granadas, me rompieron el barómetro que traía con tanto cuidado. Pero lo ejecuté del modo posible en los demás puntos. Tomé con el barómetro las alturas de México, Río Frío, Puebla y Tehuacán; computé con el termómetro las de todos los lugares donde hacía noche desde México hasta Guatemala; y algún día presentaré la línea o perfil desde aquella a esta capital; observé la opinión de los pueblos que parecían tenerla, y podría también formar la línea de ellas; vi las familias de vegetales más notables que se suceden unas a otras en todo el terreno que atravesé; medí el sabino de Santa María del Tule, que ha dado nombre en todo el mundo a pueblo tan pequeño; fui a conocer el palacio antiguo de Mictla, y formé el plan de una obrita que podría escribirse con el título de Ruinas de Mictla; llevé el Diario que deseaba; traje una colección de semillas que di a varias personas y han comenzado a ser útiles; traje bien disecadas algunas plantas de diversos lugares, especialmente de los Cuchumatanes, que parecen el jardín formado por la naturaleza para presentar al amigo de la ciencia tanta variedad de géneros, especies y formas...”

De la carta que Valle escribió al Conde de Sack, en 3 de octubre de 1825, son los párrafos siguientes:

“El señor don Andrés del Río, mi digno amigo, me ha escrito que usted deseaba la historia de esta nación, escrita por el Padre Domingo Juarros, y dos monitos verdes, macho y hembra, despanzurrados, y remitidos en dos vasijas con espíritu de vino.

La recomendación del señor del Río es poderosa para mí. En obsequio de ella y de lo que se merece un amigo de la ciencia, que por adelantarlas y cultivarlas ha pasado del Antiguo al Nuevo Mundo, he procurado hacer desde luego lo que desea.

“Yo no he visto aquí monitos verdes ni encontrado sujeto que asegure su existencia. Como una rareza verdadera un amigo me mandó, años ha, de Nicaragua, un monito amarillo. De los verdes nadie me ha dado razón. Un hijo de Nicaragua me ha dicho que los que se han visto son negros, blancos y acanelados o de color canela.

“He escrito sin embargo a un amigo para que si los hubiese verdes me remita vivos los que desea. No es preciso matarlos o despanzurrarlos. Vivos traen los correos algunos negritos, que se les encargan, y vivos tendré el honor de remitirlos, si los hubiese”. (*)

En otra parte de la misma, invitaba al sabio tudesco para que extendiese su expedición hasta Centroamérica. Le ponderaba las riquezas minerales, vegetales y animales de estas latitudes, y le ofrecía todas las facilidades que podrían hacerle los gobiernos para el colmo feliz de aquella empresa.

Tiempo después, y siempre como una profesión de fe científica, escribía:

"... En 1824 propuse, y acordó a mi propuesta el Poder Ejecutivo, que nuestros enviados a Norte y Sur América presentasen cada uno en su legación respectiva el proyecto de una expedición científica, compuesta de astrónomos, geógrafos, botánicos, etc., destacada a reconocer este nuevo continente en sus puntos más importantes, y costeada por los Gobiernos de todas las Repúblicas de América.

"En marzo de 1825, sabiendo que el Barón respetable de Humboldt pensaba repetir su viaje a Nueva España, aproveché ocasión tan oportuna para llamar a estos países su celo acreditado por las ciencias naturales, y le escribí con este objeto una carta muy recomendada en su dirección.

"En septiembre del mismo año recibí una del Profesor de Mineralogía de México, en que comunicó la llegada a aquella capital del naturalista alemán Conde de Sack, y me hizo a su nombre diversos encargos. Volví entonces al deseo de ver en este suelo a un hombre digno de observarlo en una de las ramas de la Historia Natural, y el 3 de octubre siguiente le escribí convidándolo a extender sus viajes por nuestra República".

Luego se lamenta de tanta fallida tentativa, y estando cerca el Congreso Bolivariano de 1826, se permite renovar la invocación así:

"Se va a instalar en Panamá el Congreso General de la América; y en esa dieta respetable donde se van a reunir Plenipotenciarios de todas las nuevas repúblicas, sería importante que se acordase la expedición que debe recorrer el nuevo mundo y ser costeada por los Estados que existen en él..."

He aquí al sabio que ama a la naturaleza, y al patriota que, sin olvidar la ciencia, piensa en la tierra americana con entrañable devoción.

La Química y la Física, puentes entre lo animado y lo inanimado, merecieron a Valle estudios serios y trascendentales. Y las

Matemáticas, sobre las cuales adquirió dominio magistral, fueron también campo propicio para sus exposiciones.

MATEMÁTICAS, ESTADÍSTICA, GEOGRAFÍA E HISTORIA

Aristóteles, Pascal y Kant eran filósofos y matemáticos; y a esa dualidad maravillosa deben ellos el poder de su genio renovador.

Valle era filósofo y matemático también; realizó trabajos estupendos de Estadística y Economía Política, influyendo decisivamente en el pensamiento de su tiempo.

Bajo el nombre de "Las Matemáticas en sus Relaciones con la Prosperidad de los Estados" pronunció, con fecha 16 de mayo de 1831, y en ocasión de abrirse un curso de Matemáticas bajo el auspicio de la Sociedad Económica de Guatemala, una brillantísima conferencia a la cual asistieron numerosas personas del mundo político-científico. En uno de los párrafos finales decía:

"La influencia de las matemáticas es universal; se extiende a todos los elementos de prosperidad; abraza todas las clases de los Estados. Convencida de esto, la Sociedad Económica de Guatemala hace los votos que inspira el verdadero patriotismo. Desea:

1° — Que las luces de aquellas ciencias entren en los colegios de los que se dedican a las letras, en los talleres de los artesanos y en los almacenes de los comerciantes; en los campos del labrador y en los cuarteles del militar; en las masas de los pueblos y en los salones de los poderes.

2° — Que el Gobierno se sirva con este objeto acordar las medidas más eficaces para propagar conocimientos tan útiles: que el estudio de las matemáticas sea una sección del plan general de los de la Universidad, y que entretanto se conceda a la clase que se abre en este día la protección que debe tener mientras exista.

3° — Que los padres de familia envíen a ella sus hijos para que, acostumbrándose desde sus primeros años a pensar con exactitud, sepan en los años siguientes hacer su felicidad y la de su Patria".

Cuando nadie en estas latitudes hablaba de la Estadística, Valle la defendía ardientemente, considerándola como "el mapa grande de los Gobiernos, la carta donde el hombre público fija los ojos para hacer aquellas combinaciones felices que sirven de base a los sistemas benéficos de administración".

Más adelante: "No hay gobierno sabio sin el genio del cálculo, y no puede haber cálculo sin Estadística".

En su estudio intitulado "La Estadística, Plataforma del Enaltecimiento Social", después de una serie de consideraciones históricas, filosóficas y matemáticas, aconseja:

"La Estadística debe a este respecto formar las tablas siguientes:

1° — La de las tierras que tenga la Provincia.

2° — La de los hombres que pueblan las tierras.

3° — La de las plantas que cultivan los hombres.

4° — La de la industria en que se ejerciten.

5° — La del comercio en que se ocupen.

6° — La de los establecimientos instituidos para su bien general.

7° — La de las fuerzas acordadas para mantener el orden.

8° — La de las rentas establecidas para las erogaciones públicas".

Su "Método para formar la Estadística" nos revela a Valle como un estadígrafo de alto relieve. Relacionado íntimamente con este aspecto, hay otro trabajo suyo sobre la necesidad de intensificar la Minería, cuyas luces son un aporte valioso para cualquier gobierno; y en su exposición sobre "Lo que Enseña un Cuadro Estadístico", se conjugan el doctrinario y el práctico para presentarnos, en admirable conjunción, el panorama numérico de la realidad económico-social de aquella época. Valle fue el primer centroamericano que, tanto en sus argumentos parlamentarios como en sus artículos periodísticos, recurrió a la Estadística para vigorizar sus opiniones.

Saldría sobrando decir que un hombre de tan ancha ejecutoria poseía extensos conocimientos de Geografía e Historia. Pero lo que estamos obligados a explicar es que Valle, amén de sus numerosos trabajos donde revela su indisputable autoridad en las citadas disciplinas, realizó importantes monografías. Por ejemplo, es autor de un "Estudio Geográfico", que se inicia con capítulos como "La Geografía" e "Importancia de la Geografía", para entrar en la parte medular con una descripción del Estado de Guatemala, que es, sin duda alguna, el ensayo más feliz realizado en aquel tiempo. Es un estudio como de cien páginas que comprende, en síntesis, todas las categorías llamadas a figurar conforme las normas de construcción científica.

Y en la ciencia que inmortalizó a Herodoto y Bernal Díaz del Castillo, nos encontramos con un "Prospecto de la Historia de Guatemala", donde Valle traza los fundamentos y la orientación que deben tomar los historiadores para realizar una verdadera obra. Comprende varias secciones, a saber:

a) Guatemala India;

b) Guatemala, Provincia de España;

c) Guatemala, Provincia de México;

d) Guatemala, República Independiente y Libre.

Termina aquel trabajo con un apéndice intitulado "Datos sobre Guatemala".

Escribió también otros ensayos de importancia, entre ellos Los Caracteres del Siglo XV y apreciaciones sobre El Descubrimiento y la Conquista, La Historia y los Historiadores de Indias, El Prospecto de la Historia de Guatemala; y los datos ya citados merecieron comentario del Correo Literario y Político de Londres, en los términos siguientes:

"Tal es el prospecto de la Historia de Guatemala que ofrece el ilustrado patriota D. José del Valle, en quien concurren todas las circunstancias necesarias para desempeñar tan importante empresa. Su vida pública ha dado suficientes testimonios de amor a la independencia, de celo, de desprendimiento y de patriotismo; sus escritos descubren un entendimiento cultivado por excelentes estudios, una lectura escogida y una ilustración profunda, particularmente en aquellos ramos que más pueden contribuir a la prosperidad y a la ilustración del país a que ha hecho tan grandes servicios.

"Este mismo señor —continúa—, ha tenido la bondad de corregir las inexactitudes que involuntariamente se cometieron al escribir el artículo Guatemala, del Catecismo de Geografía, publicado por Mr. Ackermann. Cuando salió a luz este libro elemental, la República de la América Central acababa de proclamar su independencia; eran escasísimas las noticias que se tenían en Europa acerca de un país tan interesante, y el autor del Catecismo tuvo que reducirse a las cortas luces que pudieron darle una traducción inglesa de la obra de Juarros y el mapa americano de Carey. Probablemente el Catecismo de Geografía, del cual ya se han hecho dos ediciones, llegará a la tercera, y entonces el artículo Guatemala se refundirá completamente, según los apreciables datos que el Sr. Valle ha recogido y dado a luz".

PEDAGOGÍA, ECONOMÍA POLÍTICA, FINANZAS Y SOCIOLOGÍA

De sus trabajos sobre Educación, ha quedado una Memoria que constituye valioso documento doctrinario. En ella preconiza la educación pública subvencionada por el Estado con miras a extender sus beneficios al pueblo. "La primera necesidad de una nación es la educación de sus hijos".

Valle sostuvo siempre que el mayor bien de un pueblo es la ilustración. "No cesaré de repetirlo; no hay riqueza, no hay libertad consolidada, no hay prosperidad nacional, donde no hay espíritu público, y es imposible la existencia del espíritu público, donde no hay ilustración que lo forme, dirija o sostenga".

Después de hablar sobre la necesidad de una Cartilla divulgatoria que explique los beneficios que acarrea la educación, como base de una campaña manumisora; luego de hablar sobre la necesidad de que las madres se eduquen eficientemente por ser ellas las primeras maestras de los hijos, insiste en la necesidad de formar maestros, pues "si hay ciencias y artes para hacer aritméticos y geómetras, ¿no habrá para hacer maestros, profesores?"

En cuanto a las Escuelas Elementales, Valle propone un ideario así:

1° — Que deben establecerse doquiera que haya niños, u hombres que sean niños, en las ciudades y en los pueblos, en las aldeas y en las haciendas o cortijos, en las cárceles y en los cuarteles...

2° — Que deben constituirse de la manera más propia para disponer los alumnos al ejercicio de las funciones a que serán un día llamados por la ley fundamental, de conformidad con el plan de las Escuelas de Hazelwood, en la inteligencia de dejar el poder en manos de los alumnos, mediante un régimen de libertad en el cual se propongan, discutan y decreten las leyes de la escuela; crear una especie de jurado presidido por un juez para calificar las faltas o culpas, y establecer un ejecutivo compuesto de oficiales o funcionarios nombrados por la comisión para el régimen de la Escuela.

3° — Que deben enseñarse los principios o ideas fundamentales de las artes y ciencias de mayor importancia y necesidad.

4° — Que el maestro no debe ser un viejo adusto, censor eterno de la juventud, ni genio de carácter severo, pues "es muy grande el espacio que separa a los viejos de los niños; y atravesando las lecciones que diesen los primeros, serían muy lentos los progresos de los segundos".

5° — Que tampoco debe ser el profesor individuo de aquellas clases u órdenes que por desgracia tienen intereses opuestos a los del pueblo. "Si éste —el pueblo— ha sido ignorante, degradado y supersticioso, lo es, además de otras causas, porque los preceptores creían convenir a su elevación la ignorancia, la superstición y el envilecimiento de los pobres".

6° — Que el maestro de los niños debe ser individuo de la nación, sin otros intereses que los generales del pueblo, amigo sincero de la verdad, cultor ilustrado de la virtud, de buen genio y humor, amante de la niñez, "capaz de achicarse y jugar con los niños", perfectamente instruido en las artes y ciencias que ha de enseñar, y dueño del idioma en que los ha de explicar y de modo sencillo.

7° — Que las lecciones no deben ser abstractas, sino proporcionales al alcance de los niños y siguiendo el método de la naturaleza, que nos presenta primero individuos y fenómenos particulares, nos hace percibir después relaciones de semejanza y diferencia, nos lleva a formar especies o géneros, nos enseña a clasificar y formar las teorías que constituyen las ciencias y las artes. "Un maestro —preceptúa— debe dar a sus discípulos el hábito feliz de observar los hechos y averiguar las causas que los producen."

8° — Que el método que se adopte sea el que facilite más la instrucción; el que sensibilice las lecciones; el que haga intuitiva la enseñanza. "Todo debe hablar a los ojos en una escuela. Todas las lecciones deben tener objetos que las hagan perceptibles a ellos. La niñez no está todavía elevada a la región de las abstracciones. Es preciso pintarle los pensamientos, las virtudes, el patriotismo. Estos cuadros deben ser el ornamento de la escuela."

9º — Que el maestro capaz de darle a sus discípulos conocimientos y virtudes sea dotado y honrado como corresponde. "Las escalas de premios formadas por los gobiernos han sido injustas. A empleos de menor importancia y trascendencia se han franqueado más honores y designado sueldos más grandes que a otros de mayor trabajo, delicadeza y utilidad. Un hombre que debe olvidar su propia existencia para pensar solamente en la de sus alumnos; el maestro que empieza a formar los ciudadanos que han de ser la felicidad o la desgracia de la patria, debe disfrutar el sueldo y gozar los honores que exigen funciones tan importantes. Premiad a los maestros como merece este título, y encontraréis hombres eminentes para desempeñarlo."

10º — Que el local mismo de las escuelas coopere también a llenar el objeto de su establecimiento. "Que no haya en él cosa alguna repulsiva; que por el contrario todo sea atractivo por el aseo y limpieza de las salas, el buen gusto de los muebles, la comodidad de los asientos, la belleza de los objetos, los jardines y entretenimientos; que la enseñanza sea una diversión y los niños asistan a la escuela con el mismo placer que los lleva a un lugar de recreo".

Entre todas las ciencias, la Economía Política gozaba de su predilección. La entonces juvenil disciplina encontró en Valle un servidor leal y agradecido.

Para un ambiente como la América en la primera mitad del siglo pasado, es una grata sorpresa la mentalidad de un economista de su talla, que no sólo conocía a los clásicos de muchas lenguas, sino que cultivó correspondencia con algunos de ellos.

La ciencia había sido iniciada por Quesnay, un médico francés, a mediados del siglo XVIII, habiendo continuado sus trabajos algunos hombres de ciencia incorporados más tarde en la escuela fisiocrática, hasta lograr que la Economía se constituyera en disciplina autónoma, independiente de la Política. Esta fue la obra de Adán Smith, considerado como el Padre de la Economía Política.

Los fisiócratas sostenían la existencia de un orden natural, determinado por Dios para bien de los hombres. La obligación del Estado era, pues, orientar la conducta de los individuos hacia este orden providencial, abolir toda clase de trabas creadas artificialmente y asegurar el ejercicio del derecho de propiedad y la práctica de las libertades. Para ellos la única actividad económica capaz de producir riqueza era la agricultura. "Los industriales y los comerciantes ganan pero no producen". La circulación de la riqueza era un movimiento biológico, de clase a clase. Y las clases en que se hallaba dividida la sociedad eran tres:

— los productores (agricultores, pescadores, mineros);

— los propietarios (dueños del suelo y titulares de soberanía);

— y los estériles (industriales, comerciantes, tenedores de profesiones liberales, etc.).

La manera de conseguir todos estos fines era dejando hacer a cada individuo, libremente. He aquí el primer atisbo de liberalismo. Los fines esenciales del Estado debían ser: guardar y defender el orden natural; preocuparse de la instrucción y fomentar los trabajos públicos.

Más tarde Adán Smith publicaba su portentosa obra sobre las causas que determinan la riqueza de las naciones —1776— donde trataba problemas apasionantes, tales como la política colonial, el régimen de las grandes compañías comerciales, sistema mercantil y organización monetaria, impuestos y otros, al tiempo que superaba las teorías de antecesores como Hutcheson, David Hume, Mandeville y algunos de la escuela fisiocrática.

Smith sostiene en parte lo del orden natural; pero en forma de espontaneidad, como característica de las instituciones económicas; no intervención del Estado, al cual le atribuye tan sólo tres funciones: administración de justicia, defensa del territorio y construcción y sostenimiento de ciertas obras de carácter público.

Smith defiende la existencia de la división del trabajo y la necesidad de mejores salarios.

Finalmente se declara defensor del libre cambio, como una reacción directa contra el reglamentismo que había aniquilado el comercio en la Edad Media. Y combate a los mercantilistas, pues la riqueza de un país no consiste sólo en el atesoramiento de moneda, "sino en tierras, casas y objetos consumibles de diferentes especies".

Contrapuestos en cierto modo a Smith aparecen los pesimistas, cuyas dos figuras cimeras son Malthus y Ricardo. El primero es menos conocido por sus trabajos sobre Economía Política, no obstante ser éstos de buen número y gran valor.

Malthus (1776-1836) es el verdadero creador de la Demografía. Y es, por su modo de ver los fenómenos económicos en relación con los biológicos, el verdadero precursor de la teoría de Darwin sobre la lucha por la vida como medio de selección y factor determinante del progreso.

David Ricardo escribió sendos trabajos sobre economía. De ellos han quedado muy pocos en pie. Su gran aportación a la ciencia consiste en su teoría de la renta, de la cual aún se ocupan los autores de este tiempo, y del valor-trabajo, antesala de la tesis sobre la plusvalía que más tarde inmortalizaría Karl Marx. Escribió mucho también sobre temas tan importantes como los salarios, y la emisión y la reglamentación de papel moneda. Era partidario de la libertad de comercio y sólo justifica el monopolio a favor del Banco del Estado para la emisión del papel moneda.

Se le tiene como mentor de la economía liberal.[14]

La escuela liberal dominó en Europa durante el primer cuarto del siglo XIX. Penetrando por un proceso de ósmosis, se había encarnado al parecer definitivamente en todas las capas sociales. No obstante, muy luego aparecieron dos fenómenos que hicieron cambiar de ruta el pensamiento reinante. Estos fenómenos fueron: el crecimiento desmedido del industrialismo, con su secuela de injusticia por el régimen de explotación a los obreros, y las primeras crisis económicas de superproducción (1815-1825), las cuales han venido repitiéndose a través del tiempo con periodicidad casi matemática.

El liberalismo económico que obligaba al Estado a una posición de simple espectador de los hechos, había cumplido su misión. Precisaban nuevas doctrinas o, por lo menos, una revisión de las existentes.

Y aparecen las primeras reacciones. Sismondi, antes ardiente liberal, publicó sus "Nuevos Principios de Economía Política", donde aboga por una reorganización del Estado y de la sociedad. En este libro radican los orígenes de la Escuela Crítica.

Según Sismondi, los daños derivados de la superproducción no se corrigen de manera espontánea, como pretendieron los representantes

---

[14] José María Ots: Curso de Doctrinas Económicas. Universidad Nacional de Colombia, 1947.

de la escuela clásica; pues ni al obrero le es fácil cambiar de oficio ni al fabricante cambiar de actividad. Evidenció las desventajas del maquinismo y condenó por inmoral la conducta de rebajar el salario a los obreros mecanizados por abundante oferta de mano de obra. Y fue el primero en formular la tesis de que la industrialización tiende a dividir la sociedad en dos sectores: los ricos y los pobres, o más claramente, capitalistas y asalariados.

Sismondi es el precursor del intervencionismo. El Estado no debe creer ya en la armonía natural de dos sectores irreconciliables. Es evidente la desigualdad entre las clases, e innegable su secuela de sufrimientos para los unos y de holgazanería morbosa para los otros. La injusta distribución de los valores y la periodicidad de las crisis económicas son hechos que merecen la atención del poder público. Y al efecto, Sismondi pide, aunque de modo vacilante, que el Estado se apersone en el teatro de los hechos para buscar las soluciones más ecuánimes.

Finalmente, y antes de la mitad del pasado siglo, aparece otro sistema que pretende solucionar los grandes problemas económicos de la época. Se trata del colectivismo, cuyo jefe es Saint-Simón.

Sostenían los saint-simonianos que el capital no es un fin sino un medio. Y no era lógico ni justo que este medio de producción fuera objeto de herencia, por los azares consiguientes al pasar de unas manos a otras. El Estado, en cambio, podría hacer la distribución más equitativa. A cada quien según su capacidad; a cada capacidad según sus obras. Se iba, de esta manera, tras una igualdad de oportunidades.

Defendían los saint-simonianos la necesidad de industrializar los pueblos y la definitiva desaparición de las clases sociales. Para ellos existían sólo dos categorías de personas: los trabajadores, entre quienes incluían, además de los obreros manuales, a los agricultores, artesanos, manufactureros, banqueros, artistas y sabios; y los ociosos. La función del Estado, según ellos, debía ser económica y no política: asegurar a los trabajadores contra la acción improductiva de los privilegios y defender la libertad y la seguridad de la producción.

Este es, a grandes líneas, el cuadro de la realidad social y económica de Europa, al tiempo en que un hijo de América proclamaba doctrinas similares.

El pensamiento económico de Valle es de una potencia deslumbradora tal, que aun corriendo los tres últimos cuartos del pasado siglo sirvió de pauta a estadistas y a sociólogos; a filósofos y a políticos.

Recordemos que la situación de este hemisferio, durante todo el tiempo del coloniaje, no sufrió alteraciones mayores. América gimió bajo la opresión política y económica, y su estructura feudal hubo de conservarse por centenares de años.

En Europa el proceso de composición histórico-social había sido diferente. Allí las estructuras sufrieron profundas metamorfosis. La economía arrancaba de la época esclavista, atravesaba la edad feudal, llegaba al mercantilismo, hasta tocar el industrialismo. La propiedad privada, desde el régimen de Roma, venía conservándose omnímoda e inalterable, para dar paso al concepto de soberanía, y hasta hace muy poco no se conocía como función social. Los derechos humanos, antaño nugatorios, vinieron cada vez cobrando personalidad. Desde los regímenes donde las mujeres y los esclavos eran equiparados jurídicamente a los animales, ha ido creándose el respeto a la vida mediante el influjo del Cristianismo y la perfección de las instituciones hasta llegar a la Revolución Francesa que proclama la igualdad entre los hombres.

Europa ha sido el yunque donde se forjaron las más poderosas corrientes filosóficas. Ha sido también el primer escenario para ensayar las nuevas concepciones. Y mucha sangre cuestan estas formidables experiencias históricas.

Para un medio como el Viejo Continente, fácil resulta distinguir cada una de estas doctrinas. Tienen principios vertebrales, precursores y propagandistas, escenarios perfectamente delimitados en el espacio y el tiempo, y, en fin, una serie de características susceptibles de constituir puntos referenciales.

No puede decirse lo propio de nuestra América. Embotada como se hallaba la inteligencia; diluido el concepto de la nacionalidad; resquebrajada la economía; cerrado el comercio a los demás países; prohibida la ilustración; anémica la industria minera y agrícola; desteñido el amor a la libertad, y así por el estilo, distintas tenían que ser las modalidades.

Por consiguiente, al proclamarse la independencia, los próceres se hallaron con un mundo por hacer, ayuno de las más elementales nociones políticas, culturales y económicas. Y lo más grave del caso es que en América las jóvenes nacionalidades se erigieron en Repúblicas libres y soberanas, sin tener conciencia de la responsabilidad histórica que este paso conllevaba. Había que inaugurar regímenes jurídicos, políticos y económicos, a la altura de aquellas pomposas denominaciones. ¡Y cómo escaseaban los hombres capaces, los atlas que pudieran soportar sobre sus espaldas tan pesado cargamento!

Centroamérica tuvo la suerte de contar con Valle, a quien tocó la mayor parte de los nuevos trabajos, desde redactar el acta de independencia hasta elaborar la nueva legislación. Su pluma y su pensamiento laten en la Constitución Federal; en el Arancel de Aduana; en las leyes civiles y, en fin, en todo aquello que constituye la base de la naciente entidad política. Ahora bien: en lo económico, Valle consideró que lo mejor era implantar una concepción ajustada a la realidad ambiente y con miras a favorecer a los más. Así encontramos en él notorias huellas de mercantilismo, de liberalismo y, más adelante, de intervencionismo de Estado y aun de socialismo, doctrina esta última que por aquel tiempo no se anunciaba en Europa.

Veamos algunos de los aspectos que presenta su ideario económico:

1° — "Si queremos que subsista lo político, pensemos como corresponde en lo económico. Tener derechos y vivir desnudos sería muy triste vivir.

2° — "El plan más importante de administración para hacer rico a un pueblo es dejar en libertad a los labradores, fabricantes, artesanos y comerciantes; procurarles toda la instrucción necesaria para que adelanten en su oficio respectivo; facilitar las comunicaciones por agua y tierra, moderar los impuestos que gravitan sobre ellos, y hacer respetar las propiedades.

3° — "El trabajo es el origen de toda riqueza; el trabajo es el principio de la escala inmensa de valores; y si son infinitas las formas con que se presenta la riqueza en los granos del labrador, en los fardos del mercader, en las obras del artesano, uno solo es el elemento de la estimación. El pueblo donde haya mayor suma de trabajo debe tener mayor suma de riqueza. Esta es la verdadera balanza política.

4° — "El Economista, considerando el mundo político para descubrir el origen de la riqueza y la felicidad de los pueblos, parece un ser divino digno de las adoraciones del reconocimiento.

5° — "Son grandes los pasos que se han dado y rápidos los progresos que se han hecho. No es fácil avanzarlos descubriendo verdades nuevas en una ciencia manejada por Hume, por Smith, por Jovellanos, por Campomanes, por Arriquibar, por Canard, por Sismondi, por Say y otros sabios. Pero el conocimiento de las leyes que ha descubierto el trabajo de los sabios; la colocación de los útiles que se hallan dispersos en escritos de diversas clases; su aplicación a las circunstancias particulares de este Reino; el examen de las causas por qué están baldías las tierras fértiles y hermosas de Guatemala; por qué no se multiplican las fábricas de esa industria inventiva que, representándonos muestras repetidas en cada semestre, nos pide fomento y protección; por qué no hay comercio en países felizmente situados, bañados por ambos mares y con proporciones que envidian otros a quienes las negó la naturaleza; ¿estos trabajos son por ventura el objeto de menor interés, o deben ser pospuestos a los de teorías abstractas que sólo tienen valor cuando hay manos que saben aplicarlas? En la Economía Política, lo mismo que en todas ciencias y artes, hay principios generales que son como la base o la parte universal de la ciencia, y nociones particulares que forman la ciencia especial de cada país."

6° — "Si los capitalistas merecen, por su influencia en la producción de la riqueza, las miradas del Gobierno, los operarios son por igual causa muy dignos de ellas. No hay riqueza faltando los brazos del obrero. Son improductivos, en tal caso, los capitales del propietario y los conocimientos del sabio. Ya corrieron los siglos en que todos los trabajos eran hechos por manos de esclavos; ya va pasando el tiempo en que los jornaleros eran vistos como siervos y los propietarios como dueños o señores de ellos. Los cálculos de las ciencias demostraron que los esclavos, oprimidos y mal alimentados, no pueden interesarse en que sean grandes los productos de sus trabajos; que hombres degradados o envilecidos no son capaces de inventar o perfeccionar cosa alguna; que la cantidad gastada en el esclavo es, en último análisis, mayor que el salario pagado al hombre libre. Un operario, obrero o jornalero no es un siervo; es un coproductor de la riqueza. No es una servidumbre lo que se estipula, es un pacto el que se celebra. El operario ofrece brazos y el capitalista promete salarios. No sería este contrato una magistratura autorizada para castigos, violencias u opresiones. Se da al uno derecho para exigir los servicios estipulados, y al otro acción para demandar el jornal ofrecido. Yo manifiesto con placer los derechos de los obreros, hollados injustamente en los siglos pasados".

Siendo la Hacienda Pública una ciencia que establece las normas y principios que rigen la constitución, la preservación, la administración y la inversión de los bienes del Estado a fin de garantizar el funcionamiento de éste y la eficiente prestación de los servicios públicos; y hallándose dicha ciencia íntimamente relacionada con la Economía Política, muy claro resulta que Valle también extendiera hasta aquélla el dominio de su conocimiento.

Varios trabajos suyos sobre ciencia financiera han quedado para la posteridad, mereciendo especial nota el primer Arancel de Aduanas que tuvo la República Federal, cuyo artículo inicial dice: "La libertad de comercio es consecuencia exacta del derecho sagrado de propiedad; y el derecho de propiedad es deducción precisa de los primeros e imprescriptibles derechos del hombre".

Siempre bajo el imperio de la escuela liberal, encontramos su Memoria sobre Abasto de Carnes, donde hace un análisis de los sistemas económicos a través del tiempo, y revisa las doctrinas de Montesquieu, Genovesi, Quesnay, Bandini, Smith, Filangieri, Jovellanos, Storch, Bentham, Say y Flores Estrada, y de otros sabios europeos, al tiempo que recuerda a los legisladores de diversos países en todas las épocas.

De grandes alcances son asimismo sus estudios sobre La Renta de Tabaco y sobre los empréstitos ofrecidos al Gobierno por potencias extranjeras.

En materia de Sociología, Valle escribió numerosos trabajos. A través de sus discursos parlamentarios, en las hojas como sociólogo de poderosa penetración. Es regla general en su línea de labor sacar una serie de conclusiones particularmente de la índole citada. Algunos tipos sociales, como el sabio, el indio, el pícaro y demás, le merecen estudios especiales. Del primero, nos dice, entre otras cosas: "En la escala de los seres, el hombre es el primero; en la escala de los hombres, el sabio es el más grande. El sabio es el que más se aproxima a la divinidad. El que da honor a la especie y luces a la tierra".

Analizando la situación del segundo, clama por su redención, incorporándolo a condiciones de vida más favorables, sin perder sus tradiciones ni la directriz de sus esperanzas. Describe su situación así: "Las luces no podían pasar de una clase a otra; la marcha de la civilización era retenida, y el indio, después de tres siglos, no sabe hablar el idioma de Castilla por dos razones: 1° — Porque la ley le ha alejado de los que podían enseñárselo; y 2° — Porque no ha tenido confianza de los ladinos, y cuando no hay confianza, se inventa o conserva una lengua que haga impenetrable la expresión de sentimientos. Merezcamos la confianza del indio; acérquense a él todas las clases; reúnanse en los ayuntamientos de los pueblos los indios y los ladinos; y entonces la porción más grande de estas provincias, la que tiene más derecho a nuestra protección, avanzará en cultura, aprenderá el idioma que debe unirnos a todos, y será más feliz. Los indios forman la mayor parte de la población, y es imposible que haya prosperidad en una nación donde no la gozare el máximo".

Hablando de vagancia y la manera de combatirla, Valle ni llena los deberes de socio cooperando al bien de la sociedad: que pesa sobre el pueblo; una parásita que se mantiene con trabajo no es inhumanidad. Es amar su bien y el de los pueblos".

Y, para no citar más, trasladémos íntegro el retrato de un producto social común a todas las latitudes:

EL PÍCARO

1° — Pícaro es una de las palabras que se repiten en las situaciones más diversas. La cólera la arroja como un dardo para herir a su objeto; el amor la pronuncia para celebrar el talento o las gracias del suyo; y la justicia para manifestar el celo.

2° — Todos usan aquella voz. Cada uno tiene distinta idea; pero todos son acordes en un punto.

3° — El que hace daño repeliendo la fuerza que le ataca; el que lo causa con nobleza, sin traición ni disimulo; el que ofende en un movimiento de ira no es llamado pícaro.

4° — Pícaro es aquel que lo es realmente, y afecta no serlo. La divergencia entre su pecho y su fisonomía; la disonancia de sus sentimientos y sus voces; maquinar una cosa y ostentar otra, es el carácter principal que le distingue.

5° — Si hubiera pícaros en el reino vegetal no lo serían aquellas plantas venenosas que, por su fetidez, sabor desagradable y aspecto lúgubre, manifiestan que lo son. Tampoco lo serían las asclepsias y apocinos que cierran los pétalos y aprisionan la mosca que osa hurtar el néctar de sus flores. Lo sería la Dionea muscipula, que teniendo tendidas sus hermosas hojas, las cierra al momento para sofocar al insecto inocente que se posa sobre ellas.

6° — El león, que sólo ataca cuando es ofendido o está hambriento, no sería pícaro, aun habiéndolos en el reino animal. Lo sería la araña que tiende la red y se retira, o el murciélago que bebe la sangre del hombre dormido, o la zorra, emblema de la astucia.

7° — Pero no hay pícaros en ninguno de los tres reinos de la naturaleza. Los hay sólo en la especie humana. Sabedlo, hombres orgullosos. Este es uno de los timbres exclusivos de la familia que se cree primera entre todas las del globo.

8° — El sabio no es pícaro porque conoce sus verdaderos intereses, y el fatuo tampoco lo es porque no tiene talento para serlo. El espacio que separa estos extremos es inmenso, y todo él se ve poblado de hombres más o menos pícaros según la distancia respectiva de aquellos puntos.

9° — En todas partes hay Gobierno, leyes, penas, premios, moral, cadalsos, verdugos, y en todas partes hay pícaros siempre en número mayor que el de los hombres de bien. El pensar es tormento. Las ciencias no han podido en tantos siglos discurrir un sistema que produzca efecto contrario. ¿El pícaro será superior a la Filosofía? ¿Será más poderoso que todo Poder?

10° — Todos los pícaros deciden el daño de su víctima; esconden su resolución; y maquinan medios para ejecutarla. Pero la especie y cantidad de daño; el modo de ocultarlo; la voluntad de hacerlo; y los medios de ejecución, los distinguen unos de otros.

11° — En sociedad alguna, desde el Norte de la Tartaria hasta el Cabo de Buena Esperanza, y desde la embocadura del Plata hasta más allá del Lago Assiniboia, no hay una sola clase que pueda gloriarse de no tener pícaros entre sus individuos.

12° — Los pícaros del Norte son diversos de los del Mediodía. La picardía de las mujeres es distinta de la de los hombres; la de un dervís no se parece a la de un mandarín; y la de un militar tampoco se asemeja a la de un letrado.

13° — Unos descubren cierta sencillez en la misma picardía. Otros parecen manifestar malicia en la misma virtud.

14° — Los pícaros de invierno se reducen a esfera más pequeña que los pícaros de estío.

15° — Los malos Gobiernos, las leyes mal calculadas, las falsas religiones, los usos, las costumbres, los idiomas, las opiniones, los empleos, los oficios, el espíritu de corporación, el calor, el frío, la humedad, la sequedad, la atmósfera, el sistema físico de cada país, influyen en la producción de tantos bichos.

16° — En una estación debe haber más pícaros que en otra, porque en una hay más necesidades que en otras, y las necesidades estimulan a serlo; en unas se afecta la máquina de distinto modo que en otras; y las afecciones del cuerpo influyen en las del alma.

17° — Un pícaro poderoso calcula daño más grande y toma menos cuidado para ocultar su voluntad. Un pícaro pobre es tímido; maquina daño más pequeño y trabaja para esconder su intención.

18° — Si se pensara en la clasificación de pícaros, se sucederían unos a otros los sistemas, como se han sucedido en la de serpientes y víboras. Uno los clasificaría por las causas que influyen en su producción; otro por la especie y cantidad de daño que hacen; otro por la fisonomía política, literaria, etc., con que se ocultan; otro por la pasión que sirven. Al fin se adoptaría el último por ser más nuevo o por la necesidad de fijarse en alguno. Formada entonces la nomenclatura, se observarían a vista de un pícaro sus caracteres distintos; se buscaría la clase, orden, género y especie a que correspondiese; y, puesto en la que le toca, se sabrían sus artes, objeto y medios, viendo los de su género.

19° — Dijo una verdad quien dijo: que los lacayos son pícaros y los aprendices deben serlo.

20° — Todo aquello que presenta objetos de deseo y embaraza su goce, produce pícaros. Sociedades: ved aquí vuestra imagen; creáis mil necesidades; irritáis los deseos, presentáis objetos a cada momento, y sólo concedéis su uso a pocos seres privilegiados.

21° — En todos los pueblos del globo se odia al pícaro y se ama al justo, y en todas partes se ve triunfante y alegre la picardía y ajada y triste la virtud. No es contradicción. Sucede lo primero porque el hombre huye de todo lo que le hace daño y busca lo que le hace bien; y lo segundo, porque la astucia y el número crecido de pícaros aumenta su poder, y la sencillez y número escaso de justos influyen en su debilidad.

22° — Los hombres se unieron en sociedad para aumentar la fuerza que sofoca o repele el mal; y las sociedades, produciendo pícaros en número tan grande, aumentan la fuerza que hace el mal. Esta es triste contradicción.

24° — Hay picarillos en la infancia, en la juventud, en la virilidad y en la vejez. Pero el viejo ha observado sus propias picardías, las del hombre viril, las del joven y las del infante, mientras que éste ha observado sólo las suyas. El viejo es pícaro más experimentado y, por consiguiente, más pícaro. Esta es la escala en igualdad de casos.

25° — Cada especie distinta debe tener fisonomía diversa, porque el hábito de acciones semejantes da igual movimiento a los músculos; los pone en situación que les da el hábito. La hipocresía es pintada en la cara de un Tartufo; la adulación en el aspecto de un cortesano y la fiereza en los ojos de un bandolero.

26° — La observación constante del rostro de un triste, alegre, airado, etc., dio al fin la fisonomía técnica de cada pasión. La observación asidua del rostro de cada especie de pícaros daría también la fisonomía de cada uno, y si no hay equivocaciones en lo primero, podría avanzarse la ciencia al grado de no haberlas en lo segundo.

27° — Esta ciencia sería útil, especialmente para los reyes, los Ministros de Gobierno y los Gobernadores, los Magistrados, las doncellas, los jóvenes y los pastores que danzaron en Belén.

28° — El pícaro respeta al justo aun haciendo mal; y el justo teme al pícaro siendo justo.

29° — Uno y otro, el pícaro y el hombre de bien, trabajan para poseer el objeto respectivo de sus deseos. Pero el primero dilata, extiende los suyos a todo lo que apetece; cree consumir menor cantidad de movimiento para llegar al término de sus votos; prefiere la picardía a la hombría de bien.

30° — La picardía es en este sentido una especie de pereza.

31° — El ejercicio es, en esta clase, maestro como en las demás. Un pícaro se vuelve más pícaro ejercitando la picardía.

32° — Un pícaro conoce a otro pícaro al momento por una palabra, un ademán, una mirada. Un justo tarda mucho en conocerle; no le conoce a veces hasta después de ser inmolado. Los primeros hablan un mismo idioma; y el segundo no entiende el de los pícaros.

33° — Hay pícaros que desenvuelven en sus planes tanto talento como los creadores de ciencias. Hacer que millones de hombres libres fuesen esclavos de un individuo es problema resuelto por César, más difícil que los de Arquímedes.

34° — Las ciencias, formadas por muchos individuos en la marcha lenta de los siglos, no pueden gloriarse de haber sido justos todos sus padres, así como el hidalgo de Castilla no puede jactarse de haber sido Lucrecia todas sus abuelas. Catilina arengaba a sus cómplices, empleando las reglas mismas del arte con que Catón declamaba en el Senado; y el conquistador se sirve, para destruir, de las mismas matemáticas con que Cassini llevaba aguas de salud a los pueblos.

35° — Las ciencias han sido creadas por pícaros y hombres de bien; y sirven a unos y otros.

36° — Las morales, únicas que levantan la voz contra el pícaro, son también las únicas contra las cuales se vuelve el pícaro. Es como el tigre que ruge y muerde la cadena que le liga.

DERECHO CIVIL DERECHO CONSTITUCIONAL Y HUMANIDADES

Como jurista, la obra de Valle es inmensa; y ni siquiera intentamos, por esa razón, glosar algo de su pensamiento. Recordemos que se graduó de Abogado a muy temprana edad, luego de cubrir a un luminoso itinerario estudiantil. Desde ese tiempo se afirmaron en la conciencia de las clases letradas sus grandes capacidades en las disciplinas de Justiniano.

Haremos tan sólo una breve reseña de los temas que trató, tanto en doctrina como en Derecho Positivo.

En Derecho Constitucional, escribió sobre: Acta de Independencia, Código Legislativo, Quiénes deben integrar los Tres Poderes; Nombramiento de Jueces y Magistrados del Supremo Tribunal de Justicia; Contra la Unanimidad de Votos para Condenar a un Diputado; Constitución Federal, y otros.

En Derecho Penal: Contra la Pena de Azotes; Cómo Puede Evitarse la Pena de Muerte; Proyecto de Ley sobre Delitos Contra la Seguridad Exterior de la República, etc., etc.

En Derecho Internacional: Nuestra Soberanía y el Derecho de no Intervención, Nulidad de la Anexión a México, etc.

En Legislación Militar: Las Leyes Militares y El Derecho de Recusación.

Existe asimismo, como documento memorable, la crítica a las leyes que tuvimos durante la Colonia, crítica que constituye el impacto más decisivo contra el antiguo régimen en la dura lucha por la independencia. Comienza con un análisis de los yerros que contenían las Partidas, y dice que "dar al siglo quince las leyes del siglo trece, sujetar la América a las leyes de España, era violentar la Naturaleza, trastornar las relaciones". Y en seguida expone: "De la Jurisprudencia de Roma se dedujeron las leyes que plagaron la de España de sutilezas, definiciones y etimologías; las que sustituyeron en lugar de los fueros de la nación las disposiciones del Código y Digesto Romano; las que quitaron al hombre el derecho sagrado de constituir apoderados en las causas que más le interesan; las que multiplicaron los curiales que en todo país laborioso deben ser reducidos al mínimo posible; las que hollaron los derechos del hombre dando a los padres la facultad de empeñar y vender a sus hijos; las que formaron una nomenclatura depresiva de los que nacen fuera de matrimonio; las que dividiéndolos en clases más o menos degradadas y privándolos de los derechos que conceden a los demás, los envilecieron con injusticia, los alejaron del gobierno y los separaron de las demás clases; las que infaman a los hijos inocentes por el delito de sus padres, reos de traición; las que dieron al fisco y quitaron a los herederos que no han delinquido los bienes del traidor; las que horrorizaron a la naturaleza y a la razón mandando que se atormentase a los testigos para que declarasen y a los acusados para que confesasen, y declarando nula esta misma declaración o confesión dada en el tormento; las que complicaron la teoría sencilla de los pactos, y haciendo enredosas las obligaciones, multiplicaron los pleitos y dieron armas al espíritu de cavilación.

"De las opiniones de Italia se infirieron las leyes que autorizan varias disposiciones de las decretales falsas y verdaderas; las que deprimen la jurisdicción real y extienden la de Roma; las que exentan al clero de pechos reales y personales y gravan a las demás clases con la carga que debía pesar sobre todas; las que multiplicaron los feriados, y multiplicándolos aumentaron el número de días en que el propietario no puede demandar su propiedad, ni el pobre quejarse de las injusticias del rico; las que opusieron obstáculos a la población, oponiéndolos al matrimonio; las que autorizaron las donaciones y herencias que, llevando a manos muertas la propiedad territorial, la separan del giro y circulación; las que multiplicaron los juramentos y, multiplicándolos, atacaron la jurisdicción civil, aumentaron los procesos y oscurecieron más el caos tenebroso del foro; las que dicen que los reyes son vicarios de Dios, y deducen de aquí diversas consecuencias y raciocinios.

"Las leyes de los bárbaros hicieron nacer las que escandalizaron a la naturaleza, permitiendo a los padres devorar a sus mismos hijos; las que dieron a los jueces la facultad de ahorcar a su arbitrio, quemar o arrojar a bestias bravas a los reos de pena capital; las que prodigaron la pena de azotes, que ha abolido la razón, y la de muerte, que debe abolirse o reducirse al menor número posible de casos; las que deprimieron a unos y elevaron a otros, imponiendo a los individuos de una clase la pena que prohibían pronunciar contra los de otra siendo reos de un mismo delito; las que condenan a muerte a los que hurtan diez ovejas o cuatro yeguas; las que autorizan la doctrina escandalosa de poder enajenar a placer las villas y lugares de un reino como rebaños de ovejas; las que acumulaban en el Rey todos los poderes: legislativo, ejecutivo y judicial".

Luego hace un repaso de las instituciones contenidas en la Recopilación de Castilla, para entrar en la Recopilación de Indias, sobre la cual se expresa así:

"No es posible examinarla sin recordar sentimientos dolorosos. Ese Código es una de las causas primeras de nuestra degradación y miseria. Ese Código es donde se ven compiladas las leyes que han mantenido aislada la América; las leyes que hablan mucho de obligaciones y deberes y muy poco de acciones y derechos; las leyes que tenían presente la distancia del gobierno español para encarecer la subordinación a los funcionarios, y no habían en consideración aquella misma distancia para castigar los abusos de los funcionarios; las leyes que, estableciendo el sistema injusto de encomiendas, hicieron renacer en el Nuevo Mundo, con nombre y forma distinta, el sistema feudal que había en el Antiguo; las leyes que estimulaban a conquistar nuevas tierras y no tomaban igual interés en la población de las conquistadas; las leyes que han sido origen de la distribución poco justa de las tierras; las leyes que procuraban fundar las poblaciones en derredor del oro y la plata sobre montañas estériles y embarazaban la población de las costas, hermosas por su fecundidad y riqueza; las leyes que por este sistema mantenían las cosechas distantes de los puertos, y prohibiendo al labrador la exportación libre de sus frutos, parecían dictadas para que la agricultura no progresase en el país donde puede hacer progresos más maravillosos; las leyes que, oponiendo obstáculos a la agricultura, estorbos a la industria y trabas al comercio, han embarazado el curso que debían tener las fuentes de riqueza; las leyes que en un aspecto presentaban al indio como el ser más privilegiado, y en otro no le permitían montar una caballería, ni tener bailes, ni haber armas defensivas ni ofensivas; le tenían en pupilaje perpetuo y mandaban que de grado o por la fuerza se le llevase a los trabajos de minas; las leyes que alejaban las clases unas de otras, y prohibiendo al español la residencia en pueblos de indios, impedían la ilustración de éstos y no permitían vivir en sociedad a los que eran individuos de ella; las leyes que ordenaban la venta escandalosa de oficios, que no debían darse por dinero a quien ofreciese más numerario, sino a los que fuesen más dignos y acreditasen mayores servicios; las leyes que se manifestaban minuciosas en puntos fútiles o de pequeño provecho y omisas en otras del más alto interés; las que jamás supieron equilibrar las autoridades provinciales, ni poner frenos bastante poderosos a las audiencias en lo judicial y a los presidentes y virreyes en lo político; las leyes que en tres siglos no han podido hacer rico al país de la riqueza; las leyes que han mantenido la paz y sosiego de la América, pero no la paz y sosiego de los pueblos ricos, gozosos y alegres con su existencia, sino la paz de los sepulcros, el silencio de los desiertos, la calma de los cementerios donde no se ven más que cadáveres, o indios momios, desnudos y salvajes."

"La Legislación de España... Permítaseme decirlo. Tulio no agravió a Roma criticando sus leyes, ni Marina ofendió a Castilla censurando las suyas. La Legislación que España dio a la América ha hollado el santo derecho de propiedad, prohibiendo al propietario el uso de ella en la exportación libre de sus frutos; ha hollado el derecho sagrado de igualdad creando esclavos en beneficio de los encomenderos, mineros y señores; ha hollado el derecho de libertad prohibiendo (más de lo que dictaba la razón) la de pensar, hablar y escribir, que se deriva del mismo principio de donde se deduce la de ver, oír y moverse".

Por todo lo expuesto, ya puede colegirse que Valle poseía una cultura ecuménica.

Es digno de toda admiración su inquebrantable amor hacia la Ciencia, y en virtud de ese culto se mantuvo en medio del fragor de la tormenta política, entre las tinieblas del oscurantismo reinante, como un nuevo Damocles bajo la constante amenaza de los intereses creados y entre el pantano de las más negras intrigas. Era una pasión de azul, más fuerte que su vida, una misión excelsa, confiada a él por el Gran Arquitecto para abrir surcos de luz en la conciencia de estos pueblos.

Había leído a los clásicos griegos y latinos, ingleses, franceses, españoles, italianos y portugueses en sus propios idiomas.

Y sostuvo nutrida correspondencia con sabios americanos y europeos de su tiempo, tales como Jeremías Bentham, el Conde de Pecchio, el Conde de Sack, Vicente Cervantes, Álvaro Flores Estrada, el Barón de Humboldt, José Joaquín de Mora, Andrés Manuel del Río y otros. Hacia el primero de ellos profesó Valle una veneración filial. Y ese sentimiento fue ampliamente correspondido por el insigne sabio de la rubia Albión, quien ejerció, por medio de sus discípulos americanos, una decisiva influencia en el destino institucional de este Hemisferio.

Las ideas de Valle sobre los problemas que atañen a la esencia y misión del hombre, son de alta trascendencia y tuvieron amplia resonancia. Por ejemplo, refiriéndose a la odiosa institución de la esclavitud, tiene declaraciones tan enérgicas como éstas:

"Cesará el comercio que más ofende a la razón: no venderá el hombre a sus semejantes y la libertad de América hará que se respete la de África".

"... Sólo el hombre libre sabe respetar la libertad de los demás".

"Estos sentimientos de justa libertad; estas sensaciones de igualdad bien entendida, harán nacer la moral que no puede existir entre amos y esclavos, entre opresores y oprimidos. No hollarán los unos los derechos de los otros; el hombre se respetará a sí mismo en sus semejantes; y la moralidad que es el respeto mutuo de los derechos de todos, brillará al fin en las tierras donde ha sido más sofocada".

La Asamblea Nacional Constituyente de las Provincias Unidas del Centro de América, a iniciativa del presbítero José Simeón Cañas, abolió la esclavitud el 17 de abril de 1824. Fue Centroamérica una de las primeras tierras en lanzar ese humano grito de liberación, y Valle fue el primero que puso en libertad a sus propios esclavos en el momento preciso de suscribir, como Jefe del Ejecutivo, aquel Decreto memorable.

En su Memoria sobre la Educación, encontramos este párrafo: "No es el castigo; no es el rigor el método más eficaz de educación. Es el cariño; es el amor. No hagas odioso lo que quieras que sea deseado y amado. ¿Cómo es posible aprender lo que se repugna y detesta? Un maestro debe ser un padre amante de sus discípulos, y aquel que lo es de sus hijos no habla otro idioma que el del amor. Si es permitido citar ejemplos, yo oso indicar el que es más experimental para mí. Jamás he castigado a mi hijo; nunca lo he visto con ceño ni tratado con rigor. Sólo tiene ocho años; y a esta edad, en un país donde casi no hay otros objetos de instrucción que los de la Naturaleza, posee ya algunos principios de Gramática Castellana, de Aritmética, de Geografía y de Moral; traduce regularmente el Francés; sabe distinguir y denominar las figuras principales de Geometría y las partes más notables de un vegetal. Hombres que os encargáis de la educación de la juventud, amad a vuestros discípulos como yo amo a mi hijo y todo os será fácil para activar sus progresos".

En el mismo documento encontramos otro pensamiento de admirables proyecciones. "Hay un sistema de Agricultura —dice— para desenvolver todas las capacidades de la tierra, labrándola y poniéndola por la labranza en aptitud de dar todas las producciones posibles. Debe haber otro sistema de hominis cultura para desarrollar todas las facultades del hombre, cultivándolo y poniéndolo por el cultivo en estado de producir cuanto sea capaz de dar".

¿Y quién podía sospechar que, un siglo después, estas palabras tomarían perfil de realidad? En efecto, en 1927 fue creada, por la Primera Conferencia Panamericana sobre Eugenesia y Homicultura, la Oficina Central de esta materia con sede en La Habana.

Y, finalmente, en varios escritos de Valle, como en las anotaciones hechas al discurso de M. Barón, Profesor de Literatura General; en la instalación del Museo de Ciencias y Bellas Artes de Bruselas; en su Elogio Fúnebre al Sabio Goicoechea; en Palemón, Menalco y Tirreno; en La Democratización de las Ciencias, y en la misma Memoria sobre Educación, revela su profundo conocimiento en lenguas vivas y muertas, Mitología, Historia de la Civilización, Filosofía, Historia del Arte, Literatura General, Historia de la Religión, así como en todas las ciencias incorporadas bajo el nombre genérico de Humanidades.

ESTADISTA. ORADOR. PERIODISTA. PRECURSOR Y VIDENTE

La prudencia observada en los momentos cruciales de la Historia, la habilidad para hurtar los zarpazos de tantos adversarios embozados, su encendido amor a la Patria, su apego a la legalidad, su dominio de las ciencias sociales y políticas, la rotunda fuerza de su personalidad, el feliz ejercicio de la oratoria y del periodismo y otras cualidades semejantes, hicieron de Valle un político de alto vuelo y un estadista de vastas concepciones.

Contra la afirmación de algún escritor del pasado siglo, de que Valle no era un gran orador (*), abundan los testimonios sobre las excelsas cualidades demostradas en la Asamblea. En México, por ejemplo, causó sensación su verbo grandilocuente y cuentan que el anuncio de su presencia causaba viva expectación entre las masas. "Hoy va a hablar el Señor Valle", decían. Y se apresuraban a buscar posiciones para oír con ventaja los discursos del gran centroamericano.

Y no de otra manera pudo asestarle golpe definitivo al Imperio, arrebatándole a puro fuego verbal la soñada deidad istmeña.

Dentro del periodismo, Valle dejó crecido acervo de artículos de diverso género. En 1820, fundó El Amigo de la Patria, al servicio de la independencia. Años después editó El Redactor General, donde publicó trabajos importantísimos como éstos:

1.— La descripción geográfica de la República, y estados de que se compone.

2.— Los derechos que tiene Centroamérica para ser independiente de todas las naciones del mundo.

3.— El extracto de la Constitución Política que ha jurado.

4.— La necesidad de la justa libertad de imprenta como una de las primeras garantías del sistema constitucional.

5.— Los puntos a que debe volverse la vista de los Jefes de los Estados que quieren reunir y comunicar los datos necesarios para ir formando nuestra Estadística.

6.— Los progresos que puede hacer nuestra agricultura, y utilidad de que los labradores escriban los pensamientos u observaciones que les haya dado la experiencia.

7.— La instrucción sobre el cultivo y beneficio de la grana, que empieza a ser uno de los ramos importantes de nuestra industria.

8.— El proyecto interesante de hacer navegable el Ulúa, poblar los campos que fecunda y atraer al Estado de Honduras la riqueza que el comercio lleva a La Habana.

9.— El decreto de la Asamblea Nacional y artículos de la Constitución en que se ofrecen a los extranjeros los derechos de ciudadanía, asilo y protección.

10.— El arancel equitativo de nuestras aduanas y los principios que le sirven de base.

11.— El cuadro de Suchitepéquez, uno de los partidos más fecundos del Estado de Guatemala.

12.— Tratado de abril del presente año entre Centroamérica y Colombia.

13.— Estado y progreso de nuestra Nación hasta el 25 de febrero último y de las otras de América hasta fines del año anterior o principios del presente.

14.— El aviso de diversas obras publicadas en Europa, y suscripción en esta oficina de otras que conviene publicar.

15.— Los principios del Derecho de Gentes que deben respetar las Repúblicas de América para ser felices y no entorpecer su marcha política.

16.— Los elementos que tienen las Naciones del Nuevo Mundo para estrechar más que las del Antiguo los vínculos de alianza y amistad.

17.— Los recursos de América para sostener su independencia en el caso de agresión.

Y así como éstos, hubo de tratar otros temas vitales para la suerte del Hemisferio.

Como secuela directa de su sabiduría, y no por obra de la casualidad, Valle lanzó atrevidas afirmaciones que con el tiempo devinieron sustentáculos de vigorosas doctrinas, instalándolo, por consiguiente, en su plataforma de precursor. Y en otros casos, y por la misma razón, previó sucesos que nadie sospechaba en aquel tiempo y que con el rodar de los años acaecieron con matemática precisión. Su voz tiene una incontrastable verdad profética cuando anuncia la llegada de un aventurero que, aprovechándose del caos, impone el yugo de la opresión a los pueblos que, trémulos y desangrados, no pueden sacudírselo. Y más aún cuando dice: "La América no caminará un siglo atrás de la Europa; marchará a la par primero, la avanzará después, y será al fin la parte más ilustrada por las ciencias como es la más iluminada por el Sol".

Como precursor puede considerársele respecto del derecho de soberanía centroamericana y el deber de no intervenir en los asuntos de los demás Estados. El 12 de abril de 1823, es decir, ocho meses antes de que el Presidente Monroe leyera en el Congreso su famoso Mensaje, José Cecilio del Valle proclamaba:

"Un Estado no debe mezclarse o tener intervención en el gobierno de otro. En la América no debe imitarse la política injusta de la Europa. Que Chile se constituya como le parezca; que Guatemala elija el gobierno que le convenga; que México forme la Constitución que le interese. Ni Chile tiene derecho para mezclarse en los asuntos de Guatemala, ni en Guatemala lo hay para introducirse en los de México, ni en México puede haberlo para intervenir en los de Chile y Guatemala. Si unos quieren mezclarse en la administración de otros, la América será como la Europa, un caos de sangre, de muerte y de horror".

Por aquel tiempo, uno de los principios que informaban el Derecho Público, especialmente en Europa, era la intervención, mediante la cual y por mantener incólume el equilibrio político, los países fuertes podían inmiscuirse, pretextando razones de necesidad, en los asuntos de los Estados débiles.

Después del Congreso de Aquisgrán (1818), los miembros de la Pentarquía se reunieron sucesivamente en Troppau 1820, Laybach 1821, y Verona 1822. En tales conferencias se acordaron varias intervenciones. De esta manera Austria intervino en Nápoles y en Piamonte en 1821; Francia en España, 1823; Inglaterra en Portugal en 1826, y así sucesivamente.

Este pensamiento, como es natural, amenazaba influir en el Derecho Público Americano.

Ha corrido un siglo y la intervención no ha sido totalmente erradicada de estos predios. Aún subsisten fuertes resabios de ella en lo económico y en lo político.

La Doctrina Monroe, justo es reconocerlo, fue el primer baluarte para la causa de América. Sin ella, varias potencias europeas habrían hecho presa fácil de nuestras incipientes nacionalidades que, desangradas y divididas por guerras intestinas, no habrían podido resistir. Los Estados Unidos fueron entonces los defensores de la integridad del Hemisferio ante los intentos de reconquista por el imperialismo extracontinental.

Más tarde, algunos gobernantes estadounidenses, haciendo personalísimas interpretaciones de la Doctrina, la convirtieron en instrumento para arreglar la casa de los vecinos.

En todo caso, Valle al declarar en 1823, en su estudio sobre Nuestra Soberanía y el Principio de No Intervención, que "una familia no tiene derecho para fomentar divisiones en otra; que un pueblo no lo tiene para engendrar discordias en otro; que una nación no lo tiene para intervenir en los negocios de otra", está vigorizando los fundamentos de una doctrina que, con el tiempo, iba a convertirse en la raíz pivotal del Derecho Internacional Americano.

Otro de los aspectos comprendidos en la previsión de Valle es la construcción del Canal Interoceánico, obra gigantesca que ha venido siendo el sueño de grandes estadistas desde Bolívar y Morazán, hasta los campeones de la democracia contemporánea.

Las argumentaciones de Valle ante la Asamblea Nacional cuando en 1829 una compañía holandesa solicitó concesión para construir el Canal de Nicaragua, pueden servir de guía a los hombres de este tiempo, en el doble aspecto financiero y político. Allí preconizaba él las grandes ventajas que acarrearía la construcción del Canal. Oigámosle:

"El Mundo Antiguo se acercaría al Nuevo. El Océano no sería el sepulcro de tantos hombres. El movimiento del comercio sería más rápido. Las especulaciones se multiplicarían. La tierra sería más labrada, las fábricas serían más animadas y los almacenes más llenos. La marina se aumentaría poderosamente. El género humano estrecharía sus relaciones. La población del mundo se duplicaría o triplicaría. Las luces de Europa pasarían a la India y a la América. La civilización universal haría progresos infinitos. Las razas se mejorarían cruzándose unas con otras. La especie humana sería más bella, más ilustrada, más rica y poderosa".

En lo que Valle no está de acuerdo es en el otorgamiento de la concesión para construir dicho canal a favor de una compañía extranjera. Estima que la empresa debe realizarse por los hijos del país. Señala cuantas ventajas le parecen ofrecerse, y advierte peligros para el caso contrario:

"Un Gobierno que sea padre de los pueblos que dirige, tampoco debe buscar compañías extranjeras para que vengan a levantar obras que pueden ser peligrosas, y recibir sus productos y gozar privilegios por multitud de años. Si la Hacienda Pública tiene fondos, con ellos emprende las obras; si no los hay en la Tesorería, los pide en empréstito y trabaja con los que recibe".

Y más adelante:

"Pero supóngase que una compañía extranjera concluyese el canal en más breve tiempo y con menores gastos. Aun en este caso opino que la empresa debe ejecutarse por cuenta de la Nación. La dilación y el aumento de gastos son males menores que los que pudiéramos sufrir haciéndose la obra por cuenta de compañías extranjeras... Una compañía que ha de gastar millones en la apertura del canal es una empresa de muchas relaciones, de muchas influencias, de mucha riqueza y poder. Cualquier diferencia o disputa sobre el espíritu o inteligencia de cualquier artículo de la contrata, nos haría entrar en lucha con una compañía que por sus relaciones podría hacer que tomase parte su Gobierno...".

Con claro criterio de nuestros problemas, Valle no es enemigo del capital extranjero. Estima necesaria su presencia para robustecer el sistema arterial de nuestras endebles economías. Su juicio es adverso en el presente caso, porque la construcción de un canal interoceánico pone en peligro la soberanía de su territorio. Veamos lo que dice:

"Yo no soy enemigo de las compañías extranjeras. He deseado, he procurado que las haya en algunos ramos de la industria; sigo constante en mis deseos, y creo que al fin tendré la satisfacción de haberlos llenado. Mis raciocinios se fijan exclusivamente en la Compañía extranjera del Canal de Nicaragua, porque en ella veo caracteres que no puedo ver en otras".[15]

No está de más recordar que estos escritos fueron publicados cuarenta años antes de abrirse el primer canal interoceánico en el mundo: Suez, cuya construcción e internacionalización produjeron los efectos previstos por Valle en su luminoso estudio. Y la inauguración del Canal de Panamá (1914), y la internacionalización del Canal de Kiel en 1919, según el Tratado de Versalles, aclararon más aún las predicciones del sabio centroamericano.

En efecto, el comercio aumentó; las relaciones se intensificaron; la civilización ha caminado vertiginosamente, y, en fin, grandes ventajas han sobrevenido para la vida de los pueblos. Pero la soberanía sufrió vergonzosos achatamientos; la intervención política,

---

[15] En 1838, el Gobierno Federal de Morazán consideró nuevamente el asunto del Canal, habiendo designado una comisión para que practicara el reconocimiento del Río San Juan y rindiera informe sobre la factibilidad de la empresa. Encabezaba dicha comisión el señor Baily, el mismo que, a nombre de la Compañía Holandesa, solicitara la concesión de nueve años antes, yendo como segundo el Poeta y Agrimensor José Batres Montúfar. Pero todos estos esfuerzos abortaron por obra de los grandes intereses que más tarde vinieron a desenmascararse en el Tratado Clayton-Bulwer (1850).

militar y económica prosperó con su secuela de dolorosas experiencias. La cruz sigue siempre a cuestas, sin esperanza de un tercer día para la resurrección.

En ciencia político-social, Valle es un liberal avanzado, pues antes de que Sismondi proclamara en Europa la intervención del Estado en favor de la colectividad, el ilustre americano abogaba por la intervención del Estado para educar y proteger a los obreros a quienes conceptúa como productores de riqueza.

Al afirmar Valle que un obrero no es un siervo, y que no es una servidumbre la que se establece entre el capitalista y el asalariado, sino que es un pacto el que se celebra, estaba colocando la piedra angular del Derecho Social que años más tarde habría de hacer grandes progresos en Europa. Cuando hablaba de la necesidad de que los obreros se asocien con propósitos de ayuda mutua, aún no aparecían en el centro de la civilización las cooperativas (Rochdale 1844), como paso de transición hacia las organizaciones sindicales. Valle murió diez años antes de que en Europa se organizara la primera cooperativa.

Los trabajos de Valle sobre educación son, a la luz de numerosos documentos, capaces de merecer la atención de los pedagogos más exigentes. A él se debe la legislación que establece la enseñanza laica, gratuita y obligatoria e impartida por el Estado.

Conocemos, además, su honda preocupación por el destino del hombre y su deseo de crear una ciencia llamada Homicultura, lo cual advino un siglo después de sus predicciones, como ya se explicó.

No obstante estos y otros aspectos en los cuales José Cecilio del Valle aparece como precursor, es en su doctrina jurídico-política sobre Panamericanismo donde se define su ancha figura continental. Este punto merecerá especial cuidado en ulteriores capítulos de nuestro libro.

CAPÍTULO VI: VALLE Y MORAZÁN. HERRERA Y ARCE

PARALELO EN LA VIDA Y EN LA MUERTE

La Providencia premió a la naciente nacionalidad centroamericana con un estado mayor de hombres ejemplares, entre quienes figuran José Matías Delgado, Pedro Molina, Manuel José Arce, Miguel Larreynaga, José Cecilio del Valle, José Francisco Barrundia, Dionisio de Herrera, Francisco Morazán y otros. De entre ellos, las dos máximas figuras son José Cecilio del Valle, el más fuerte pensador istmeño de todos los tiempos, y Francisco Morazán, militar y estadista, cuyo paralelo con Napoleón hiciera en brillante escrito Nicolás Raoul, oficial francés que militó bajo las órdenes de ambos generales.

Valle y Morazán tenían algunos aspectos comunes. En efecto:

a) Los dos nacieron en Honduras, la tierra de los pinos y los ópalos. Valle encontró en Guatemala el ambiente cultural propicio a su formación académica, pues la antigua capital federal viene siendo, desde tiempos coloniales, el ombligo de la cultura centroamericana. Y Morazán encontró en El Salvador el espíritu de lucha y los soldados idóneos para emprender su cruzada. Valle profesó a Guatemala igual cariño que a Honduras. Morazán legó sus restos a El Salvador. Esto quiere decir que ellos concebían a Centroamérica como una nación, como un todo indivisible que arranca de un pasado común y apunta hacia una misma meta.

b) Ambos amaban y defendían la Federación. Valle la concebía como un supuesto necesario para la prosperidad de Centroamérica. Morazán la sostuvo como un punto de su programa reformador, pues la reacción estaba a punto de despedazarla. En esos nobles afanes, Valle y Morazán se enfrentaron al grupo conservador, compuesto por la antigua nobleza española, el clero y algunos militares.

c) Valle y Morazán fueron paradigmas de abnegación, probidad e hidalguía. En repetidas ocasiones abandonaron sus propios intereses por servir a la Nación. Valle fue al Congreso de México, por su cuenta y riesgo, llevado tan sólo del amor a la Patria, cuando el Erario Público era en deberle todos sus honorarios anteriores. Hallándose en México, iba a ser tomado prisionero por orden de Iturbide, y varios amigos le aconsejaron que huyera. Él entonces contestó: "Que huyan los que son positivamente criminales; yo no conozco el crimen. Yo soy un hombre de bien". Y se dejó apresar, pudiendo eludir la captura. Por su parte, Morazán, epónimo defensor de las instituciones democráticas, cierta vez que los enemigos le tomaron prisionera la familia para obligarlo a capitular, expresó algo como esto: "Los rehenes que los enemigos tienen en su poder, son para mí sagrados y hablan vehementemente a mi corazón. Pero soy el Jefe del Estado y mi deber es atacar...". Y tomó la plaza logrando rescatar, sanos y salvos, a sus queridos deudos. Cuando años después, en San José de Costa Rica, la tarde del 15 de septiembre, yendo hacia el cadalso, resbaló y sus guardas creyeron que intentaba fugarse, los increpó con energía: "No he de huir. No me falta valor para morir". Y continuó la marcha a paso de vencedor.

d) Al asumir Valle el Ministerio de Relaciones Exteriores del Imperio —la más importante posición del régimen— bien pudo vengarse de aquellos que le hicieron daño, de los "delatores oscuros", como él los llama. Y no lo hizo. Morazán al morir fusilado dijo en su testamento: "Declaro que no tengo enemigos y ningún rencor llevo al sepulcro; que perdono a mis asesinos y les deseo el mayor bien posible".

e) En los programas de acción de los dos próceres figuran proyectos similares, por entonces utópicos. Morazán era estadista y literato y su pensamiento ha pasado a la posteridad en forma de proclamas y mensajes a los pueblos. Ambos fueron incansables defensores de la democracia política y económica. La libertad de pensamiento, la intervención del Estado en favor de las clases oprimidas, el derecho de resistencia contra gobiernos despóticos, la equitativa distribución de la riqueza, la difusión de la cultura, la soberanía como expresión de la voluntad popular, el incremento de las relaciones con los demás países de América, eran temas en el orden del día para Valle y Morazán, quienes, además de la identificación de sus ideas, llegaron a profesarse profunda simpatía. En efecto, Valle aceptó de buen grado su derrota en las elecciones para la Presidencia de Centroamérica en 1830 y se apresuró a felicitar al héroe de la Revolución. Morazán, por su parte, admiraba el talento del autor de las dos Independencias. Y cuando, cuatro años después, pudiendo valerse de la maquinaria oficial para perpetuarse en el poder, convocó a elecciones libres y resultó victorioso su ilustre compatriota, hubo de repetirle entonces los cordiales votos congratulatorios, augurándole buen gobierno.

f) Tanto Valle como Morazán hicieron trascender su nombradía más allá de Centroamérica. Valle sostuvo correspondencia con eminentes sabios de ambos continentes. Bentham, el autor de la corriente utilitarista, legó en su testamento a algunos sabios amigos, en prueba de estimación y cariño, un anillo, un retrato y un mechón de cabellos. Valle recibió estas prendas de aquel a quien él llamaba "su ilustre padre". Otro de sus grandes honores fue la designación como Miembro de la Sociedad de Ciencias de París, cuyo Diploma fue recibido en agosto de 1827.

El genio militar de Morazán fue conocido en la América del Sur. Al salir de Centroamérica en 1840, se estableció en la entonces colombiana ciudad de David y allí escribió sus Memorias. Por ese tiempo, el Perú confrontaba dificultades internas e internacionales. El Gobierno de aquel país le ofreció un alto cargo en el Ejército. Pero el Paladín de la Unión agradeció diciendo que consagraría su vida solamente a la causa de su Patria y que, por lo tanto, le era imposible aceptar tan honroso ofrecimiento.

g) Valle y Morazán murieron cuando la Patria cifraba en ellos las más caras esperanzas. No sólo porque en aquel tiempo de mezquinas ambiciones ellos encarnaban el desinterés —Valle en varias ocasiones pagó de su propia hacienda el sostenimiento de algunos servicios públicos y Morazán dejó al morir una deuda de varios miles de pesos—, sino porque a su edad prometían trascendentales realizaciones. Valle murió en 1834, cuando iba a cumplir cincuenta y siete años, y Morazán fue fusilado cuando alcanzaba la cincuentena. Para los estadistas, cincuenta años es edad propicia, pues ya se ha alcanzado la suficiente prudencia en las actitudes y la consiguiente madurez de juicio.

Lógico es suponer, por tanto, que otra sería la suerte de Centroamérica si aquellos dos varones egregios hubieran cumplido el ciclo de sus respectivas trayectorias.

La muerte de ambos fue consonante con su género de vida. Valle murió tranquilamente, cerca de su hacienda "La Concepción", camino de Guatemala, víctima de una enfermedad propia de los hombres que sienten bien y piensan mejor. Morazán cayó como todo un hombre bajo el impacto del plomo homicida, y a tono con la suerte de un guerrero de su talla. No es concebible que el héroe de cien batallas muriera de calenturas, ni que el sereno pensador cayera bajo el fragor de la tormenta. Todo lo dispuso así el Autor Supremo, bajo cuya potestad murieron.

Los dos más grandes centroamericanos expiraron pensando en la suerte de la Patria. El testamento de Morazán dice: "Declaro que mi amor a Centroamérica muere conmigo".

Valle, en el delirio de su agonía, soñaba con traer a los más grandes sabios del mundo para iluminar los caminos hacia la redención de Centroamérica.

La muerte de Morazán reviste un patetismo singular. Como en el drama de Jesús, un Judas entra en escena. En casa de un compadre le tomaron preso y sin juzgarlo en derecho, lo condenaron a muerte. La tarde del 15 de septiembre, cuando Centroamérica celebraba el vigésimo primer aniversario de su nacimiento a la vida independiente, se le notificó la tremenda resolución. Morazán pidió tan sólo tres horas para testar. El testamento, verdadero documento histórico, es, al decir de Marco Aurelio Soto, la cartilla donde deben aprender sus primeras letras los niños de Centroamérica.

La frente alta y la conciencia limpia, la faz resplandeciente como la del hombre que ha cumplido su deber y deja su legado a la posteridad, Morazán marchaba hacia el patíbulo con la altivez que acostumbraba en los campos de batalla. Apolínea y seductora la presencia, parecía un dios de bronce cortando su perfil en el trasfondo del atardecer. A un compañero suyo, que iba profundamente compungido por aquella suerte, le dijo con enérgica piedad: "Querido amigo, la posteridad nos hará justicia".

El pelotón encargado del fusilamiento esperaba órdenes. Era Morazán quien debía darlas por haberlo así pedido a sus verdugos. El héroe se acercó a los soldados, preparó más de un rifle en manos de aquellos inexpertos ciudadanos y dio la orden de: ¡Fuego!, ganando así su última batalla y abandonando la prisión terrena para convertirse en el ángel tutelar de nuestros pueblos.

La vida de Morazán puede simbolizarse con relámpagos, tormentas, huracanes, montañas y abismos. Su vida militar y política duró quince años, pero su nombre llenará los siglos con estrépito glorioso.

Morazán supo morir. Murió cómo y cuándo debía. Los pueblos sintieron sobre sus corazones el aletazo del dolor y la noche de la barbarie se entronizó por tiempo intérmino.

Dichosos los que bien mueren, porque de ellos es el reino de la posteridad. Sócrates debe parte de su gloria a la forma de su muerte. La cicuta lo inmortalizó. Jesús, el más sabio y más justo de los hombres, aún conmueve a las multitudes con su martirio indecible. Juana de Arco murió en la hoguera, sosteniendo la pureza de la fe. Los bravos indios que defendieron palmo a palmo la tierra americana, también supieron morir. Lord Byron, el genial romántico inglés, cayó peleando como un caballero de la libertad. Y Schubert entregó su alma de crisálida, tiernamente, apaciblemente, en manos del Creador, como si se tratara de una sinfonía inconclusa. Benditos los que saben morir oportunamente, y si mueren jóvenes, ¡tanto mejor!

Yo no querría la muerte que le dieron a Napoleón, el coloso de Austerlitz, porque para aquel varón singular cuyo teatro había sido el mundo, buscaron el más pobre rincón, matándolo de asfixia; y no querría la muerte de Don Quijote, símbolo del ideal en todas las edades, porque un luchador como el iluso manchego debió sucumbir en una de sus quiméricas batallas. Ni querría la muerte de Bolívar, el hombre más completo de la Historia, después de Jesucristo, porque fue la suya una muerte gris, sorda, triste, indigna de una vida luminosa. Me figuro al Libertador de las Naciones, desolado en San Pedro Alejandrino, prisionero de la amargura y la tuberculosis, como un haz de podredumbre alrededor del cual aullaban noche a noche los mastines de la muerte. ¡Oh, agonía, incompatible con el temperamento de quien la sufre! Si Bolívar era el Cóndor de los Andes, debió haber sufrido el vértigo y despeñarse hacia el abismo.

Ante los restos de Valle en 1834 y ante los despojos de Morazán, en 1842, Centroamérica estuvo de rodillas, llorando su largo desconsuelo, como la madre escuálida y agonizante que clama al hijo que iba a ser su salvación. Y ese llanto de sangre aún empavorece los corazones y aún sigue buscando nuevos cauces de redención.

VALLE y MORAZÁN constituyen las paralelas de la Historia Centroamericana.

CONFRONTO UNIFICADOR

Razón, mucha razón tienen los que afirman que la Historia de Centroamérica no se ha escrito todavía. Tal vez a las realizaciones efectuadas en tal campo no les falta contenido humanístico, pero sí imparcialidad. Cuando no es la carcoma del prejuicio partidista, son el criterio aldeano y el amor propio lugareños los que deforman los hechos, atribuyéndose cada narrador para su grupo el monopolio de las grandes hazañas y virtudes, y cargando en la cuenta de sus hermanos todas aquellas plagas que por más de siglo y medio han afligido el alma de la Patria Mayor.

Esa mentalidad nos ha llevado a convertir —como niños que se ponen a jugar de cosas adultas— cinco aldeas en repúblicas. Y después de consumar tan compleja travesura nos hemos asustado de tal modo, que la sorpresa no se nos borra de los ojos. Y, en el colmo de la preocupación, no nos quedó otro expediente que lavarnos las propias manos e inculpar a los demás, exaltando al mismo tiempo el orgullo local de la parroquia.

A partir del descuartizamiento de la Patria Grande, cada parcela comenzó a enfocar los hechos a través de un mirador estrictamente localista, cercenando, con afán de cirugía regional, todos los contactos y ramificaciones de los hechos históricos hasta obtener su aislamiento total. Idéntica es la obra de los partidos políticos.

Lástima grande en verdad, porque los sucesos de alcance ístmico, y especialmente los que acaecieron entre 1821, año de la gesta emancipadora, y 1838, año del Decreto que dejó en libertad a los Estados para regirse como mejor les pluguiese, se entrelazan en tal forma desde Guatemala hasta Costa Rica, que no se pueden juzgar separadamente sin incurrir en grave riesgo de parcialidad.

Hay, entre otras, cuatro figuras próceres que han sido víctimas de este análisis: Dionisio de Herrera, José Manuel Arce, José Cecilio del Valle y Francisco Morazán. Siendo su ejecutoria de anchura ístmica y aun continental, nos hemos atribuido en forma excluyente su paternidad, como si fuesen patrimonio privado, sin darnos cuenta de que con tal procedimiento los empequeñecemos al reducirles la dimensión de sus propios escenarios. Otros, como Barrundia, Cabañas, Jerez, Mora o Delgado, tienen la suerte de ser unánimemente reconocidos, y, bien que mal, los hemos admitido en toda el área como glorias legítimas del Istmo.

Ahora, lo que es preciso aclarar de una vez, es que la intención, tanto de aquéllos como de éstos, no fue estrecha ni localista, sino que, por el contrario, les inspiró siempre el deseo de que su vida fruteciera para todos sin discriminación alguna.

A medida que el tiempo dilata su pantalla cinematográfica, las divergencias —más de tipo personal que ideológico— entre Valle y Arce, entre éste y Herrera y entre Morazán y Arce, van progresando también merced al rasero lugareño, tanto que las comarcas de donde son oriundos ellos se han arrogado para sí y ante sí la defensa de sus propios connacionales, emprendiendo al propio tiempo la ofensiva consiguiente contra el hermano que nació en la otra provincia.

En Honduras, por ejemplo, se ha tratado de ignorar que Arce es uno de los hombres a quienes más les costó la independencia. Nadie como él sufrió en la viva carne seis años de cautiverio. Quizá se le aproximen las duras experiencias del Padre Larrazábal, que estuvo prisionero en el Convento de Belén en Guatemala, y las de Santiago José Celis, estrangulado bárbaramente en una cárcel de San Salvador, y Pedro Pablo Castillo, quien, convicto de conspirar en contra de la Corona, se expatrió hacia Belice para morir en Jamaica con nostalgia de su tierra idolatrada. Y tal vez el único martirologio digno de compararse al suyo fue el del patricio Marure, padre del historiador don Alejandro del mismo apellido, quien, después de sufrir prisiones y vejámenes a manos de sus verdugos en Guatemala, fue enviado a Cuba para purgar su amor a la libertad en un lóbrego castillo, del cual fue trasladado al paredón de fusilamiento. En el campo de las armas, Arce tiene también páginas gloriosas, como la defensa de San Salvador contra las fuerzas invasoras de Filísola en 1822; la pacificación de Nicaragua en 1824, paso éste que posibilitó el ordenamiento constitucional de dicho Estado, y otras.

Recíprocamente, en El Salvador la figura de Valle goza de muy pocas simpatías.

Los diferendos entre Herrera y Arce, y entre éste y Valle, obedecen a cierto pugilato personal, pues debemos recordar que, a la altura de 1823, año de la segunda y última independencia, los tres reunían méritos suficientes para aspirar a la Presidencia de

Centroamérica Unida. Arce y Herrera habían figurado entre los quince candidatos seleccionados por la Asamblea Nacional Constituyente para integrar el Poder Ejecutivo. Arce con su actuación militar y su martirologio; Herrera con su cultura jurídica y política, y Valle con su sabiduría ecuménica y su reciente ejecutoria antianexionista, todos eran acreedores a la estimación general. Como es sabido, Arce llegó a triunviro ese mismo año, siendo bien vista su designación para tan alto destino.

Al practicarse las elecciones en 1824, los sufragios favorecieron a Valle; pero éste, que no era un liberal exaltado como Barrundia, Molina o Gálvez, ni un conservador como Aycinena, sino un ideólogo moderado como correspondía al momento tan difícil para la República, no mereció la confianza de los bandos contendientes, y ambas facciones se confabularon para birlarle la Presidencia a la hora de la elección que efectuaría el Congreso. Los Diputados llegaron, pues, a sus puestos con consigna, y nada tuvo que ver el General Arce en el asunto porque la maniobra estaba prefabricada.

Arce era liberal, pero los conservadores no lo objetaron; y los liberales, contentos de llevar a un copartidario así fuese por medios fraudulentos, le ofrecieron cooperar estrechamente en la solución de los problemas.

Valle, con brillantez digna de su causa, impugnó por viciada la elección. La tesis que esgrimiera el presidente de los pensadores ístmicos revestía tanta verdad y solidez, que en ella se apoyó Morazán seis años más tarde para hacer valedera su elección en contra del mismo Valle, quien, fiel a su posición original, no sólo no reclamó sino que incluso reconoció paladinamente la victoria del caudillo federalista. ¡Es que varones de tal estirpe luchaban por la santidad de los principios y no por la curul parlamentaria o el sillón presidencial!

Oigamos sobre ese particular a don Lorenzo Montúfar:

"En junio (de 1830) se hizo el escrutinio. Los votos populares estaban divididos entre Morazán y Valle. Morazán tenía mayor número, pero para averiguar si había o no elección popular era preciso que se declarara si sería la base el número de sufragios emitidos o los tomados en cuenta al tiempo del escrutinio. En el primer caso no había elección popular y el Congreso debía decidir entre Morazán y Valle. En el segundo caso estaba electo popularmente el General

Morazán. La misma cuestión se presentó el año 25 entre Arce y Valle. Si se tomaban por base los sufragios que se debían emitir, no había elección popular; y si la base eran los sufragios emitidos, Valle estaba electo popularmente. Entonces el Congreso, para excluir a Valle, declaró que la base eran los sufragios que debían emitirse, y, procediendo a decidir entre los candidatos, fue electo Arce. Valle escribió luminosos folletos demostrando que la base debían ser los sufragios emitidos y que se le había usurpado la Presidencia de la República. El año 30, conforme al texto literal de los folletos de Valle, se tomó por base el número de los sufragios emitidos y se declaró electo popularmente al General Morazán. Valle no reclamó".

Al asumir la Presidencia de Centroamérica, Arce trató de formar gobierno de conciliación, integrando el Gabinete con ministros de ambos bandos; pero —¡oh, desengaño!— sus amigos liberales, que lo habían empujado a la aventura, hoy le zafaban el cuerpo negándose a cooperar. Ni Barrundia ni Gálvez le aceptaron cargo alguno. Dionisio de Herrera rechazó un ofrecimiento de Ministro Plenipotenciario en ultramar, y Valle, herido en su orgullo por la artera jugada de que había sido víctima, ni remotamente daba indicio de prestarle sus luces al naciente régimen.

En tal situación, al Jefe del Ejecutivo no le quedó más recurso que formar su gabinete con mayoría conservadora, lo cual dio motivo para que sus copartidarios, juzgándolo tránsfuga, le hicieran cruda guerra hasta separarlo del Poder.

Las cosas se complicaron más cuando, ya electos los Jefes de Estado de Costa Rica, Nicaragua, Honduras, El Salvador y Guatemala, la política de éstos entró en abierta pugna con la del Gobierno Federal.

Arce era buen militar, ciudadano íntegro y poseedor de una regular cultura; pero su temperamento autoritario y recio no compaginaba con la flexibilidad y tacto tan necesarios al estadista en momentos como aquellos. Sin explorar lo bastante el terreno en que pisaba, creyó cortar por lo sano en el caso de Honduras, cuyo Jefe de Estado, Dionisio de Herrera, político ilustrado y astuto, contaba con la asesoría de su primo hermano José Cecilio del Valle y tenía como Secretario General a un joven de esclarecido talento y fogoso corazón: Francisco Morazán.

El Presidente Federal, ocupada su atención en múltiples asuntos del área centroamericana, le dio poca importancia al problema de Honduras, donde, a mayor abundamiento, figuraban varones de valentía y talento bien probados como Joaquín Rivera, José María Gutiérrez, Francisco Antonio Márquez, Diego Vijil y otros, a quienes la opinión pública apoyaba en forma unánime.

Harto pueril fue el pretexto que Arce usó para invadir a Honduras por medio del Coronel José Justo Milla, a la sazón Vice-Jefe de Estado. Y más reprobable que la prisión de Herrera fue el incendio de Comayagua, su capital, acto vandálico que consumó el invasor de acuerdo con el Comandante de la plaza, Antonio Fernández.

Pero es preciso decir, en obsequio a la verdad histórica, que no existe documento alguno donde conste que Arce diera órdenes de incendiar, saquear o cometer depredaciones y abusos. Y no puede existir porque él era militar de escuela, con alto sentido del honor y de respeto a la dignidad humana. En su vida de soldado no hay un solo borrón ignominioso.

Los crímenes de Milla deben cargarse a su propia cuenta y se explican por su odio al Jefe Herrera, a quien deseaba suplantar en la primera oportunidad, y por la intransigencia sectaria que desde la sombra atizaban los frailes Irías y Rivas, dos sotanudos que, en el colmo de su encono, llegaron hasta urdir la supresión del Jefe Herrera en atentado que más tarde se comprobó públicamente.

Los historiadores están de acuerdo en que el Presidente Federal dispensó en Guatemala a Herrera, su ilustre prisionero, las consideraciones inherentes a su condición de hombre culto. Herrera no fue a la cárcel, sino que estuvo como huésped en casa del General Arce, bajo tratamiento caballeroso, como aquel Corazón de León que fue cautivo de Saladino.

¡Hombres extraordinarios los fundadores de la República!

Herrera fue Jefe de Estado en Honduras, lo fue más tarde en Nicaragua y finalmente en El Salvador. Ya retirado a la vida privada, ejercía el magisterio en la ciudad de San Vicente y murió en San Salvador, completamente pobre, él que descendía de una rica familia estimada en todo el Istmo.

Arce, por su parte, después de infortunadas empresas políticas, se sumió voluntariamente en perfecto olvido. La incomprensión y la miseria hincaron muy duro el diente en su carne prócer; y cuando en su agonía le anunciaron que el Gobierno salvadoreño le había asignado una pensión, respondió con altivez:

—José Manuel Arce está en la miseria; ¡pero no acepta limosnas del poder!

Y él, como Herrera, había sido en su juventud un próspero terrateniente.

Si aquellos manes egregios, nivelados por el martirologio, se perdonaron sus errores mutuamente, ¿a qué seguir nosotros reavivando la tea de los odios lugareños?

¡Que la Patria Unificada sea la suprema aspiración de todo centroamericano y que sobre la tumba de los grandes abuelos crezca un jardín de rosas federales, porque ellos sí supieron vivir en voto de patriotismo y santidad!

CAPÍTULO VII: VALLE, APÓSTOL DE AMÉRICA

PANAMERICANISMO Y DERECHO
INTERNACIONAL AMERICANO

Donde quizá tiene más fuerza la presciencia de José Cecilio del Valle es en su doctrina de solidaridad continental. En plena batalla libertaria; cuando los dos Continentes rugían en fiera lucha, el uno por mantener la opresión y el otro por quitarse del cuello la bota liberticida; mientras los guerreros blandían el acero en las cumbres de los Andes y en las llanuras del Orinoco, en las pampas argentinas y en las serranías de México; mientras la sangre americana abonaba el árbol de la libertad; mientras Bolívar y San Martín, Páez y Santander, Artigas, Hidalgo, Guerrero y Victoria y cien capitanes más forjaban la nacionalidad en los crisoles de la bravura criolla, hombres de pensamiento como Bernardo Monteagudo, José Vicente Rocafuerte, Bernardino Rivadavia, José Cecilio del Valle y otros animaban con sus escritos el sacramento revolucionario.

Valle no sólo contribuyó a la emancipación con el aporte de su pensamiento, sino que de su peculio personal destinó considerables cantidades al servicio de la causa. Todos los movimientos cristalizaron merced al entusiasmo de sus ejecutores y al dinero que se distribuyó para hacerlo prosperar.

Resulta triste confesarlo: pero en las gestas de la Independencia no sólo se registra pureza y desinterés. Algunos fueron a la lucha con miras a obtener riquezas y canonjías; otros se enrolaron por temor a las represalias de la revolución; varios entraron por fatalismo, sin entusiasmo alguno; y los demás, por el simple deseo de contemplar nuevas caras en los puestos públicos.

Los años ulteriores se encargaron de desenmascarar a muchos de los llamados apóstoles. En fuerte porcentaje, los guerreros de la independencia eran dictadores en potencia. Prueba fehaciente de ello es que, luego de consumada la obra de liberación, se establecieron algunas oprobiosas tiranías, que fueron la vergüenza de la América.

Nadie como Valle estaba en condiciones de golpear tan fuertemente la estructura del Gobierno de Castilla. Su vasta formación jurídica; su profunda sabiduría de las ciencias económicas; su pujanza de polemista demoledor; su dominio de la Historia y de la Sociología, amén del conocimiento integral de la maquinaria administrativa colonial, lo hicieron devenir el más poderoso adversario de la Corona.

Vale insistir en el concepto de que Valle no fue llamado al desempeño de los cargos ya citados por razones de afecto o simpatía. Era tan sólo con el propósito de neutralizar los impactos del bisoño luchador. Y Valle, hombre de profunda reflexión; político sagaz, como sus propios enemigos siempre lo reconocieron, comprendió de momento que era preferible aceptar aquellos cargos a tener que podrirse en las mazmorras, desde donde ningún servicio podía prestársele a la Patria. Valle conocía el martirologio de varios precursores en Nueva Granada y más al Sur. La hediondez del calabozo anuló completamente a muchos de ellos y todo cuanto pudieron haber hecho en favor de sus ideales se quedó sólo en esperanzas.

Cuando fue la hora oportuna, Valle renunció a sus privilegios de buen vasallo como primer paso de su gran cruzada. En seguida redactó el Acta de Independencia. Y cuando, a pesar de ese pergamino memorable, los liberticidas sacrificaron la dignidad de la Patria, rabiatándola al Imperio de Iturbide, fue él quien trabajó sin descanso; a veces abiertamente, a veces de manera subrepticia, utilizando el periódico, la tribuna, el parlamento y todos los medios de difusión hasta entonces conocidos, para evidenciar la justicia de nuestra autonomía. Y fue él quien, allá en la capital azteca, merced a su palabra iluminada, realizó el milagro de la nueva independencia.

Como la mayoría de los precursores, Valle pensaba siempre en la suerte de América.

Las jóvenes nacionalidades no habían delimitado sus fronteras geográficas ni espirituales. El Uti Possidetis nació justamente para sofocar las ambiciones fomentadas por algunos caudillos improvisados. Los legítimos padres de la nacionalidad se consideraban ciudadanos de la América. Su ideal no estaba circunscrito a intereses inmediatos. Imperaba el concepto de la fraternidad de nuestros pueblos, compactos por la tradición y las aspiraciones. La América era, pues, una nación. Una gran nación.

"Los próceres de la independencia —dice Rafael Heliodoro Valle— pensaban siempre en una América en la que todas las razas pudiesen hallar digno y amplio refugio. Sólo durante la conquista española el español sintió las fuerzas telúricas de un mundo nuevo en el que había mucho qué hacer y en el que cada fruto nuevo era un milagro y cada horizonte una ilusión. Los hombres que habían salido de América a viajar por Europa encontraron un común denominador: lo americano, es decir, un hombre que había estado lejos de los otros por la falta de vías de comunicación, de interés económico y por la diversidad de climas y de niveles políticos y culturales.

"Miranda, Bolívar, Hidalgo y Morelos, Rocafuerte, Rivadavia, José Antonio Miralla —continúa el polígrafo hondureño— se sentían americanos. Y hablaban un idioma de maravilla. El peruano Talamantes conspira en México a favor de la independencia; el centroamericano Ortiz de Letona es diplomático de los primeros insurgentes mexicanos para hacer gestiones en los Estados Unidos; el ecuatoriano Vicente Rocafuerte lucha en Filadelfia contra Iturbide y más tarde llega a ser diplomático mexicano en Londres; el cubano José María Heredia sube a la magistratura judicial en México; y el venezolano Bello alcanza en Chile la plenitud de su sabiduría y de su gloria. Tal era la época en que José del Valle —hijo ilustre de Choluteca, hondureño impar, centroamericano que veía más allá de los estrechos linderos— llegaba a la Secretaría de Relaciones de México, ostentando las valiosas credenciales de su talento y de su cultura, y en aquel Congreso donde había representantes de un vasto territorio limitado por la Alta California y por Costa Rica, llegó a considerársele "el corifeo del Partido Republicano".

Los escritos de Valle sobre América son innúmeros. Algunos acreditan verdaderos alegatos en favor de la emancipación. Otros nos revelan las grandes posibilidades económicas, sociales, políticas y culturales del Continente. Varios de ellos envuelven críticas al régimen económico-social de la Colonia. Y los de más allá constituyen programas de acción política para edificar sobre cimientos inconmovibles el futuro de estos pueblos. Como no es posible citarlos todos, he aquí algunos de ellos:

1.— Diálogos
2°.— Independencia
3.— Investigaciones sobre América
4.— La Historia y los Historiadores de Indias
5.— América

6.— Soñaba el Abad de San Pedro y yo también sé soñar

Por razones de espacio, reproducimos solamente el último de estos ensayos. Y con principios extraídos de todos sus trabajos en loor de la madre América, hemos edificado la Doctrina Valle, cuyo desarrollo alimenta el siguiente capítulo del libro.

SOÑABA EL ABAD DE SAN PEDRO Y YO TAMBIÉN SÉ SOÑAR

La América estaba dividida en dos zonas contrarias entre sí; obscura la una como la esclavitud, luminosa la otra como la libertad.

Nueva España, Guatemala, San Salvador, Comayagua, León y Panamá formaban una extensión inmensa de territorio sometido al Gobierno español. El nuevo reino de Granada, Santa Fe, Caracas, Buenos Aires y Chile formaban un espacio dilatado de tierra libre e independiente.

Si en el antiguo mundo los países septentrionales eran el suelo de la libertad, en el nuevo los australes fueron la tierra venturosa donde brotó primero.

El Sur se cubría de sangre por defender sus derechos; y el Norte mandaba millones al Gobierno que intentaba sofocar aquellos derechos.

No hubo simultaneidad en la causa justísima de nuestra independencia; y esta falta grave aumentó las fuerzas de España; entorpeció la marcha de América; y fue origen de males que llora el amigo de los hombres.

La unidad de tiempo es en los grandes planes la que multiplica la fuerza y asegura el suceso; la que hace que dos tengan más poder que un millón. Cien mil fuerzas obrando en períodos distintos sólo obran como una. Diez fuerzas obrando simultáneamente obran como diez.

No marchó la América con el plan que exigía la magnitud de su causa. Lo que hace derramar más lágrimas; lo que penetra más la sensibilidad; lo que más horroriza a la naturaleza, es lo que vio en los países más hermoseados por ella. Sangre y revoluciones son los sucesos que refiere la Historia; muerte y horrores son los hechos de sus anales.

América sin acercar sus relaciones, y apretar los vínculos que deben unirla.

Separadas unas de otras siendo colocadas en un mismo hemisferio, el mediodía no existe para el Norte, y el Centro parece extranjero para el Sur y el Septentrión. El reposo de las unas no es un bien para las otras; las luces de aquellas no son una felicidad para éstas. Chile ignora el estado de Nueva España, y Guatemala no sabe la posición de Colombia.

La América se dilata por todas las zonas, pero forma un solo continente. Los americanos están diseminados por todos los climas, pero deben formar una familia.

Si la Europa sabe juntarse en Congreso cuando la llaman a la unión cuestiones de alta importancia, ¿la América no sabrá unirse en Cortes cuando la necesidad de ser, o el interés de existencia más grande, la obliga a agregarse?

Oíd, americanos, mis deseos. Los inspira el amor a la América que es vuestra patria y mi digna cuna.

YO QUISIERA

1°.— Que en la provincia de Costa Rica o de León se formase un Congreso general más expectable que el de Viena, más interesante que las dietas donde se combinan los intereses de los funcionarios y no los derechos de los pueblos;

2°.— Que cada provincia de una y otra América mandase para formarlo sus Diputados o representantes con plenos poderes para los grandes asuntos que deben ser el objeto de su reunión;

3°.— Que los Diputados llevasen el estado político, económico, fiscal y militar de sus provincias respectivas, para formar con la suma de todos el general de toda la América;

4°.— Que unidos los Diputados y reconocidos sus poderes se ocupasen en la resolución de este problema:

Trazar el plan más útil para que ninguna provincia de América sea presa de invasores externos ni víctima de divisiones intestinas.

5°.— Que resuelto este primer problema trabajasen en la resolución del segundo:

Formar el plan más eficaz para elevar las provincias de América al grado de riqueza y poder al que pueden subir;

6°.— Que fijándose en estos objetos formasen:

1° la federación grande que debe unir a todos los Estados de América;

2° el plan económico que debe enriquecerlos;

7°.— Que para llenar lo primero se celebrase el pacto solemne de socorrerse unos a otros todos los Estados en las invasiones externas y divisiones intestinas; que se designase el contingente de hombres y dinero con que debiese contribuir cada uno al socorro del que fuese atacado o dividido; y para alejar toda sospecha de opresión, en el caso de guerra intestina, la fuerza que mandasen los demás Estados para sofocarla se limitase únicamente a hacer que las diferencias se decidiesen pacíficamente por las Cortes respectivas de las provincias divididas, y obligarlas a respetar la decisión de las Cortes;

8°.— Que para lograr lo segundo se tomasen las medidas y se firmase el tratado general de comercio en todos los Estados de América, distinguiendo siempre con protección más liberal el giro recíproco de unos con otros, y procurando la creación y fomento de la marina que necesita una parte del Globo separado por mares de las otras.

Congregados para tratar estos asuntos los representantes de todas las provincias de América, ¡qué espectáculo tan grande presentarían en un Congreso no visto jamás en los siglos, no formado nunca en el antiguo mundo, ni soñado antes en el nuevo!

No es posible enumerar los bienes que produciría. La imaginación más potente se pierde desenvolviendo unas de otras, sucesivamente, todas las consecuencias que se pueden deducir.

Se crearía un Poder que, uniendo las fuerzas de catorce o quince millones de individuos, haría a la América superior a toda agresión; daría a los Estados débiles la potencia de los fuertes y prevendría las divisiones intestinas de los pueblos, sabiendo éstos que existía una federación calculada para sofocarlas.

Se formaría un foco de luz que, iluminando la causa general de la América, enseñaría a sostenerla con todos los conocimientos que exigen sus grandes intereses.

Se derramarían desde un centro a todas las extremidades del Continente las luces necesarias para que cada provincia conociese su posición comparada con las demás, sus recursos e intereses, sus fuerzas y riquezas.

Se unirían sabios, que teniendo a la vista el mapa económico y político de cada provincia, podrían meditar planes y discurrir medidas de bien para todas las provincias en particular y para la América en general.

Se estrecharían las relaciones de los americanos unidos por el lazo grande de un Congreso común; aprenderían a identificar sus intereses; y formarían a la letra una sola y gran familia.

Se comenzaría a crear el sistema americano, o sea la colección ordenada de principios que deben formar la conducta política de la América, ahora que empieza a subir la escala que debe colocarla un día al lado de la Europa, que tiene su sistema y ha sabido elevarse sobre todas las partes del Globo.

La América entonces: la América, mi patria y la de mis dignos amigos, sería al fin lo que es preciso que llegue a ser; grande como el continente por donde se dilata; rica como el oro que hay en su seno; majestuosa como los Andes que la elevan y engrandecen.

¡Oh, Patria cara donde nacieron los seres que más amo! Tus derechos son los míos, los de mis amigos y mis paisanos. Yo juro sostenerlos mientras viva. Yo juro decir cuando muera: Hijos, defended a la América.

Recibe, Patria amada, este juramento. Lo hago en estas tierras que el despotismo tenía incultas y la libertad hará florecer.

Cuando no era libre, mi alma, nacida para serlo, buscaba ciencias que la distrajesen, lecturas que la alegrasen. Vagaba por las plantas; estudiaba esqueletos; medía triángulos; o se entretenía en fósiles.

La América será desde hoy mi ocupación exclusiva. América de día cuando escriba; América de noche cuando piense. El estudio más digno de un americano es la América.

En este suelo nacimos; este suelo es nuestra patria. ¿Será el patriotismo un delirio?

Febrero — 1822.

PROGRAMA DE ACCIÓN CONTINENTAL

El pensamiento de José Cecilio del Valle sobre el modo más efectivo de afianzar la solidaridad entre los pueblos de América y la prosperidad de la misma —el Sistema Americano, como él suele llamarlo, y que no es otra cosa que "la colección ordenada de principios que deben formar la conducta política de la América"—, puede resumirse en los siguientes puntos:

1.— Celebración de Congresos donde se discutan los intereses vitales de los pueblos.

2.— Federación de Estados Americanos.

3.— Planes eficientes para que los Estados americanos no sean presa de invasiones externas ni víctimas de divisiones internas.

4.— Cooperación económica y financiera; fomento del comercio y desarrollo de la marina mercante.

5.— Compromiso de socorro mutuo en caso de agresión extracontinental y solución pacífica de las dificultades intracontinentales.

6.— No intervención de unos Estados en los asuntos de los otros.

7.— Sociedades de Amigos de la Paz, encargadas de elaborar planes y proyectos en su especialidad.

8.— Elevación del nivel económico y social de los obreros, que son coproductores de la riqueza y merecen todo género de consideración por parte del Estado.

9.— Incorporación del indio a la vida económica, política, social y cultural.

10.— Capacitación intelectual de la mujer, como paso preliminar en el proceso de su capacitación integral.

11.— Libertad de pensamiento, de trabajo y de toda actividad en general, como fin supremo de la democracia continental; y

12.— Educación del pueblo sobre bases democráticas.

Analicemos ligeramente las proyecciones de la Doctrina Valle en ciento treinta años de vida americana.

CELEBRACIÓN DE CONGRESOS PANAMERICANOS

Cuando Valle preconizaba la necesidad de celebrar un Congreso continental "más espectable que el de Viena", tenía frente a sus ojos el drama de Europa, donde los miembros de la Pentarquía —fresco

153

su horror por las hazañas de Napoleón— oprimían a los pequeños Estados y yugulaban las libertades creadas por la Revolución Francesa. La Santa Alianza era un instrumento al servicio de las pasiones más recalcitrantes.

En ese gran Congreso soñado por Valle, "debían combinarse los intereses de los pueblos y no las dietas de los funcionarios", como era costumbre en aquel tiempo. Los monarcas europeos ejercían su mandato por derecho divino, según la filosofía reinante. Por consiguiente, durante varios siglos los conceptos de propiedad y soberanía se mantuvieron confundidos, y como corolario de esta concepción, los reyes eran sujetos de derecho público. Y sus actos constituían la fuente de todo derecho interno.

A partir de la Revolución del 89, la soberanía fue un atributo del Estado y no del príncipe. La igualdad y la libertad fueron declaradas como fundamentales derechos humanos. Y ya las monarquías absolutas iban languideciendo más y más. Luego entró en escena el Coloso de Córcega, paseando por toda Europa el estandarte de la Revolución; y, al tiempo que oprimía con la espada, liberaba con su ideología deslumbradora.

Tan pronto él hizo mutis en la escena para honrar con su gloriosa humanidad la isla de Santa Elena, se constituyó la Santa Alianza, compuesta por los soberanos de Rusia, Prusia y Austria; y más tarde, con Francia e Inglaterra, advino la Pentarquía, que asestó rudo golpe a las conquistas populares. Se inaugura de nuevo el oscurantismo, y se consolida el Derecho Internacional Europeo, a base de la teoría legitimista que hace depender la legalidad del Estado de la legitimidad de la sucesión de los príncipes en el orden dinástico interno. Otros principios como el derecho de intervención, el equilibrio político y el imperialismo como instrumento legal de penetración, le dan su matiz característico al Derecho Público del viejo Continente.

América no fue tierra propicia para tal ideología. Las nuevas repúblicas tenían distinta tradición y sus aspiraciones buscaban otros horizontes. Bolívar rechazó el imperio que le ofrecieron sus amigos. El ensayo de Iturbide fracasó rotundamente. Y más tarde, cuando Francia intentó oprimir a México, muy cara pagó su osadía Maximiliano de Austria en el Cerro de las Campanas.

En cambio, los principios sustentados por Valle han germinado luminosamente. El Primer Congreso Panamericano, convocado por Bolívar desde 1824, fue celebrado en Panamá con participación de cuatro delegaciones: la Gran Colombia, Centroamérica, México y Perú, habiendo asistido además observadores de Gran Bretaña y los Países Bajos. Los representantes Anderson y Sargeant, de los Estados Unidos, no estuvieron presentes: el primero por haber fallecido en el camino —Cartagena—, y el segundo por haber llegado tarde. Ese Congreso memorable fue inaugurado el 22 de junio de 1826, y suspendido el 15 del mes siguiente, para reanudar sus labores en la ciudad de Tacubaya, México; mas fue del todo imposible continuar aquellas trascendentales tareas.

Actuaron en esa magna asamblea don Pedro Gual y General Pedro Briceño Méndez, por la República de Colombia; don Manuel Pérez de Tudela, por el Perú; don José Domínguez y General José Mariano Michelena, por México; y don Antonio Larrazábal y don Pedro Molina, por la América Central, habiéndose admitido, además, al señor Eduardo Santiago Dawkins y al Coronel Verveer en su carácter de Observadores de la Gran Bretaña y los Países Bajos, respectivamente.

La Delegación Centroamericana estuvo bien integrada. No obstante, habría colmado una trayectoria más fecunda de ir formando parte de ella José Cecilio del Valle, cuyas ejecutorias en favor de la solidaridad continental eran harto conocidas. Pero la política se interpuso. En efecto, Valle era adversario del Presidente Arce, y se ignora si fue por las intrigas urdidas en contra suya o por su propia resistencia a colaborar con aquel régimen, que el docto internacionalista no se hizo presente en la ilustre Conferencia.

Con todo y estas dificultades, la Asamblea Federal, a iniciativa de Valle, había aprobado el 11 de abril de 1826, un Decreto en cuya virtud la Delegación Centroamericana debía presentar en el Congreso de Panamá una iniciativa para integrar una Expedición Científica que estudiara la realidad del Continente. Dicha Expedición debía estar formada por sabios europeos y americanos, y éstos serían, de preferencia, geógrafos, astrónomos y naturalistas. En efecto, los señores Larrazábal y Molina llevaron al seno del Congreso Bolivariano la citada iniciativa, la cual fue acogida con toda simpatía, no habiéndose resuelto nada sobre ella, "porque el Congreso ha decidido no tomar asunto alguno en consideración hasta que hayan sido ratificados por los respectivos gobiernos los tratados que están para concluirse". Con miras a discutirse en las sesiones de Tacubaya, quedó en el orden del día tan hermosa iniciativa.

El pensamiento de Valle afloró en el Congreso de Bolívar; estuvo en pie durante aquellas históricas sesiones, y se echó a andar definitivamente por los caminos de la inmortalidad.

No se trataba de un rapto de inspiración, desarticuladamente luminoso. Era, por el contrario, todo un sistema ideológico, preconizado y robustecido desde mucho tiempo atrás. Veamos: el 23 de febrero de 1822, Valle publicó su ideario titulado "Soñaba el Abad de San Pedro y yo también sé soñar", donde están contenidos los principios jurídicos, políticos, económicos, sociales y culturales del Panamericanismo. Este trabajo, que venía a reforzar otros escritos sobre el mismo tema, logró amplia difusión tanto en el Istmo como allende sus fronteras. Pero su autor, siempre iluminado por el sol de aquel ideal magnífico, llevó su pensamiento hasta el seno del Congreso Federal. Y este augusto Cuerpo, interpretándolo en su justa aspiración, emitió el 6 de noviembre de 1823 un Decreto convocando a los pueblos de América a un Congreso General para afianzar la vida y la seguridad del Continente en sus distintas órdenes. Su texto dice así:

"El Supremo Poder Ejecutivo, al anunciar a las mismas potencias los deseos de estas provincias, propondrá a la alta consideración de todos los Gobiernos los siguientes objetos:

Representar unida a la gran familia americana; garantizar la independencia y libertad de sus Estados; auxiliarlos; revisar los tratados de las diferentes Repúblicas entre sí y con el mundo antiguo; crear y sostener una competente marina."

Y continúa el Decreto:

**"La Asamblea Nacional Constituyente de las Provincias Unidas del Centro de América, penetrada de que el interés general y esencial de las repúblicas del Nuevo Mundo consiste en mantener su independencia, paz y libertad, y que nada conduciría tanto a ese importante fin como la reunión de todos los Estados independientes del continente americano por medio de un Congreso de Representantes; ha tenido a bien decretar y decreta:

Que se excite a los cuerpos deliberantes de ambas Américas a una conferencia general, debiendo reunirse sus diputados en el punto que ellos mismos se sirvan designar."**

Hacer común el comercio a todos los Estados, arreglando el giro y los derechos, y además acordar medidas que la sabiduría de los representantes crea oportunas para la prosperidad de los Estados..."

El anterior documento fue ampliamente difundido a través del Hemisferio, y hay razones para creer que era conocido de los ilustres americanos que asistieron al Congreso de Bolívar.

En efecto, durante los albores de la República (1823-24), visitó Centroamérica el ilustre Bernardo Monteagudo para entrevistarse con Valle acerca del Congreso Anfictiónico de Panamá, que el Libertador proyectaba para el año 1826. En regresando a Sudamérica, Monteagudo escribió:

"...Sabemos que las Provincias Unidas del Centro de América han dado instrucciones a sus plenipotenciarios cerca de Colombia y el Perú para acceder a aquella Liga. Desde el mes de febrero de 1822, se publicó en Guatemala en El Amigo de la Patria, un escrito sobre este Plan, con todo el fuego y elevación que caracterizan a su autor, el señor Valle. Su idea madre es la misma que ahora nos ocupa... estrechar las relaciones de los americanos, uniéndolos por el gran lazo de un Congreso común."

Por otra parte, Jeremías Bentham, quien ejercía tutela ideológica sobre varios próceres de América, entre ellos Rivadavia, Rocafuerte, Monteagudo y Santander, conoció también el Ideario Panamericanista de Valle, porque su autor se lo envió a Londres para efectos de revisión y crítica.

Valle nos habla de la necesidad de combinar los intereses de los pueblos, en una época en que la palabra pueblo carecía de contenido funcional. El pueblo era una masa amorfa, sin derechos, sin historia, sin aspiraciones. Era la multitud arenosa, capaz tan sólo de ofrendar sus vidas anónimas a las fauces dantescas de las minas.

Recordemos que aun a fines del pasado siglo hubo autores que conceptuaban a los monarcas como titulares de soberanía, sosteniendo que los diplomáticos representaban los intereses personales del rey y no los de su Estado. Posteriormente fue cambiando ese punto de vista. Y, en el tiempo que corremos, impera el concepto de que los representantes deben ser el espejo de las aspiraciones populares.

El hombre, pues, como agente principal de la cultura, va mereciendo cada vez mayores consideraciones. En 1907, al crearse la Corte Centroamericana de Justicia, se instauró un precedente glorioso, convirtiendo a la persona individual en sujeto de Derecho Internacional Público.

La "Declaración de Principios Sociales de América", suscrita en México el 7 de marzo de 1945, establece en el número primero: "Reconocer y proclamar que el hombre debe ser el centro de interés de todos los esfuerzos de los pueblos y de los gobiernos". De acuerdo con las modalidades de la vida contemporánea se han formulado nuevas declaraciones de los derechos humanos, y en la actualidad se proyecta la creación de una Corte Internacional de los Derechos del Hombre, como justa culminación de aquella memorable jornada que comenzó en 1789 y sigue su trayectoria relampagueante en favor de la dignidad humana.

CONFEDERACIÓN DE ESTADOS AMERICANOS

Cuando Valle nos habla de la "Federación grande que debe unir a todos los Estados de América", su visión profética está localizando lo que más tarde se llamaría Unión Panamericana, núcleo vital de la Organización de Estados Americanos, creada esta última en la Novena Conferencia Internacional Americana, celebrada en Bogotá en abril de 1948. La OEA es un organismo regional dentro de las Naciones Unidas. Sus fines esenciales son:

a) Afianzar la paz y la seguridad del Continente;

b) Prevenir las posibles causas de dificultades y asegurar la solución pacífica de las controversias que surjan entre los Estados miembros;

c) Organizar la acción solidaria de éstos en caso de agresión;

d) Procurar la solución de los problemas políticos, jurídicos y económicos que se susciten entre ellos; y

e) Promover, por medio de la acción cooperativa, su desarrollo económico, social y cultural.

Dichos fines los realiza mediante los siguientes órganos:

a) La Conferencia Internacional;

b) La Reunión de Consulta de Ministros de Relaciones Exteriores;

c) El Consejo, compuesto de: el Consejo Interamericano Económico y Social; el Consejo Interamericano de Jurisconsultos; y el Consejo Interamericano Cultural;

d) La Unión Panamericana;

e) Las Conferencias Especializadas; y

f) Los Organismos Especializados.

Como se ve, la Unión Panamericana, precursora de la OEA, es ahora el organismo central y la Secretaría General de la misma.

Valle, en su ambicioso programa, preconiza la forma federativa por ser la más adecuada para agrupar al conjunto de Estados que componen el Continente de Colón y, en un sentido más concreto, se inclina, como Bolívar, hacia una Confederación.

DEFENSA CONTINENTAL Y SOLUCIÓN PACÍFICA DE CONTROVERSIAS

La defensa del Continente contra cualquier invasión ha sido una de las primeras preocupaciones de los estadistas. En diciembre de 1823, el Presidente James Monroe leyó su memorable discurso ante el Congreso, declarando que la América es para los Americanos. Por ese tiempo, la ambición de potencias europeas y aún asiáticas abría sus tentáculos sobre estos territorios. Rusia poseía en la parte norte del Hemisferio la península de Alaska. En 1816 fundó colonias en las costas de California y en las Islas Sandwich, y mediante un Decreto imperial —úkase— en 1821 declaró a su favor el monopolio del comercio y la pesca a lo largo del Pacífico, desde el Estrecho de Behring hasta el grado 51 de latitud norte. Contra esta resolución protestó el Gobierno de los Estados Unidos, por constituir dicha actitud una amenaza para su integridad territorial.

Por otra parte, la Santa Alianza, que se empeñaba en desconocer la independencia de estos países a pesar de las insistentes iniciativas de Francia e Inglaterra, abrigaba el propósito de restaurar en el trono de España a Fernando VII, con la esperanza de que éste pudiera recuperar las antiguas colonias occidentales.

Frente a ese peligro, José Cecilio del Valle se pronunció en 1822 sobre la necesidad de "trazar el plan más útil para que ninguna provincia de América sea presa de invasores externos". Y antes y después de la famosa declaración de Monroe, el apóstol istmeño sostuvo gloriosa campaña defendiendo los intereses de América. Monroe, con su valiente proclama, logró parar en seco las pretensiones de las potencias extranjeras. Pero Valle también, al sostener idéntico principio, advirtió que la total independencia de América solamente podría mantenerse mediante un ejército poderoso, una gran fuerza económica y una voluntad de armonizar los intereses de los pueblos.

Los intentos de reconquista fueron numerosos y algunos de ellos lograron prosperar temporalmente. En 1862, Francia invadió a México y estableció un imperio de efímera duración. Los Estados Unidos, inmersos en su guerra interna, no pudieron impedir la ocupación; mas, una vez resueltos sus problemas interiores, coadyuvaron decididamente en la gloriosa cruzada de aquel varón insigne, orgullo de la raza, que se llamó Benito Juárez.

En 1861, España reconquistó la isla de Santo Domingo y la tuvo sojuzgada por algún tiempo. Y en 1864, la misma Madre Patria invadió los territorios de Chile y Perú, habiendo reconquistado las islas Chinchas, con cuyos sucesos hubo material para convocar la Conferencia de Lima, que tuvo lugar el mismo año.

La Doctrina de Monroe, pues, sólo ha sido eficaz en la forma preconizada por José Cecilio del Valle. Y como la preocupación de la defensa frente a la voracidad de potencias extracontinentales ha estado vigente a toda hora, he aquí que en la Tercera Reunión de Cancilleres, celebrada en Río de Janeiro en 1942, se creó la Junta Interamericana de Defensa, compuesta de peritos militares, navales y aeronáuticos de todas las Repúblicas, con el fin primordial de tratar todos los asuntos relativos a la salvaguarda del Continente.

En cuanto al afianzamiento de la solidaridad, el ideal largamente acariciado tomó perfiles de realidad en la Conferencia de Consolidación de la Paz, convocada por el Presidente Roosevelt y celebrada en Buenos Aires en 1936. Las declaraciones de solidaridad frente a cualquier agresión extraña fueron ratificadas, ampliadas y fortalecidas en la Primera Reunión de Consulta, de donde surgió la

"Declaración de Panamá", octubre 1939; en la segunda Reunión de Cancilleres celebrada en La Habana en julio de 1940, y en la Conferencia sobre Problemas de la Guerra y la Paz, donde se firmó el Acuerdo de Asistencia Recíproca y Solidaridad Americana conocido como "Acta de Chapultepec", hasta llegar al Pacto de Asistencia Recíproca, firmado en Río de Janeiro el 2 de septiembre de 1947, donde las Altas Partes estipulan que "un ataque armado por parte de cualquier Estado contra un Estado Americano será considerado como un ataque contra todos los Estados Americanos, y en consecuencia, cada una de dichas Partes Contratantes se compromete a ayudar a hacerle frente al ataque, en ejercicio del derecho inmanente de defensa individual o colectiva que reconoce el Artículo 51 de la Carta de las Naciones Unidas". Ya en la Novena Conferencia se consagró el principio de que "la agresión a un Estado Americano constituye una agresión a todos los demás Estados Americanos".

En relación con la necesidad de resolver por medios pacíficos las cuestiones de orden internacional americano, el pensamiento de Valle también ha cristalizado en fecundas realidades, después de ímprobos esfuerzos. A medida que los Estados se responsabilizan, han ido paulatinamente buscando la más armoniosa realización de su destino.

Al surgir a la vida independiente, los pueblos del Hemisferio sufrieron un deslumbramiento enceguecedor, semejante al que experimenta el prisionero cuando recibe la luz del sol después de haber estado largo tiempo entre las sombras del cautiverio.

De esa sorpresa algunos pueblos ya se han repuesto. Otros vacilan todavía. La tragedia fue tanto más cruenta cuanto que había manos extrañas encargadas de atizar los odios lugareños y las cuestiones internacionales. España, despechada por la emancipación, y las otras potencias europeas con sus afanes de esclavitud, trabajaban de modo subterráneo por precipitar a las jóvenes naciones en el antro de la destrucción y la ignominia. En esa forma, fácil les sería caer sobre ellas y sojuzgarlas sin mayor esfuerzo. He ahí el calvario de nuestros pueblos a través de un siglo.

La cuestión de fronteras vino a ser la manzana de las disputas internacionales. Los Estados de la Gran Colombia fueron los primeros en sumirse en tan deplorables luchas. Años después, 1847, México recibe la brutal dentellada de su hermano del Norte. Chile, azuzada por el imperialismo, emprende fiera lucha contra el Perú en 1879 y le arrebata algunos pedazos de tierra; y el Perú a su vez repite la hazaña contra Ecuador. El Paraguay declara la guerra a tres países por éstos y otros asuntos. Chile y la Argentina promueven dificultades, que cesan al plantar un Cristo sobre la cresta de los Andes, en prueba de amistad. Y así sucesivamente.

Frente a estas dificultades, se adopta la norma Uti Possidetis de 1810, es decir, el estado de las cosas como se hallaban en aquel año, que se estima común denominador en el tiempo para la independencia de América. El Uti Possidetis tiene dos aspectos: el de jure y el de facto. Y ha venido a resolver varios problemas difíciles, armonizando intereses entre miembros de una misma familia.

Centroamérica ha dado en adoptar, para sus asuntos interiores, el Uti possidetis de 1821, año de su independencia.

Con todo, los estadistas siempre pensaron en otros medios al margen de la potestad judicial. El arbitraje constituye la espina dorsal de este sistema.

En varias ocasiones anteriores se había hablado de estos medios pacíficos. No obstante, fue en la Segunda Conferencia Panamericana, México 1901-2, —y después de haberse establecido en La Haya el Tribunal Permanente de Arbitraje—, cuando se tomó una resolución en el sentido de que "Las Altas Partes Contratantes se obligan a someter a la decisión de árbitros todas las controversias que existen o lleguen a existir entre ellas, y que no puedan resolverse por la vía diplomática, siempre que, a juicio exclusivo de alguna de las naciones interesadas, dichas controversias no afecten la independencia ni el honor nacionales".

Las ulteriores Conferencias Panamericanas trataron ligeramente el asunto, hasta 1923, en Santiago de Chile, fecha y lugar de la Quinta Conferencia, donde se aprobó la Convención propuesta por el Delegado paraguayo Manuel Gondra, creando las Comisiones de Investigación, las cuales establecerían si hay o no derecho a la guerra entre los países que pretenden hacerla. Consecuencia directa de la Convención Gondra, y por resolución de la Sexta Conferencia de La Habana, 1928, fue la Conferencia de Conciliación y Arbitraje celebrada en Washington en 1929 para darle forma tangible a los procedimientos de arreglo pacífico.

Como quiera que en las ulteriores reuniones fue perfeccionándose el sistema de resolver armoniosamente las cuestiones, es en la Conferencia de Bogotá donde se suscribe el más importante expediente jurídico, el "Tratado Americano de Soluciones Pacíficas" —bautizado como "Pacto de Bogotá"—, que establece la obligatoriedad de recurrir a los medios pacíficos. Estos son, según el mismo, los buenos oficios y mediación, investigación y conciliación, el procedimiento judicial y el arbitraje.

Los primeros dos artículos del Pacto dicen:

"Art. 1.- Las Altas Partes Contratantes, reafirmando solemnemente sus compromisos contraídos por anteriores convenciones y declaraciones internacionales, así como por la Carta de las Naciones Unidas, convienen en abstenerse de la amenaza, del uso de la fuerza o de cualquier otro medio de coacción para el arreglo de sus controversias y en recurrir en todo tiempo a procedimientos pacíficos.

Art. 2.- Las Altas Partes Contratantes reconocen la obligación de resolver las controversias internacionales por los procedimientos pacíficos regionales antes de llevarlos al Consejo de Seguridad de las Naciones Unidas. En consecuencia, en caso de que entre dos o más Estados signatarios se suscite una controversia que, en opinión de las partes, no pueda ser resuelta por negociaciones directas a través de los medios diplomáticos usuales, las partes se comprometen a hacer uso de los procedimientos establecidos en este Tratado, en la forma y condiciones previstas en los artículos siguientes, o bien de los procedimientos especiales que, a su juicio, les permitan llegar a una solución."

El más sólido antecedente sobre este particular se encuentra en el Pacto Federativo llamado "La Dieta de Chinandega", suscrito por Nicaragua, El Salvador y Honduras en abril de 1842, en cuyo Artículo 4° los signatarios se comprometen a no decidir jamás sus cuestiones por medio de las armas.

COOPERACIÓN ECONÓMICA

Desde la Primera Conferencia Panamericana, convocada por Mr. James G. Blaine, con miras a consolidar la hegemonía económica de los Estados Unidos, y en la cual se tomaron resoluciones sobre diversos problemas económicos y financieros, especialmente la unión aduanera interamericana, la construcción de un ferrocarril intracontinental y celebración de tratados de reciprocidad comercial; pasando por la Conferencia de La Habana, donde se suscribió una convención sobre Aviación Comercial; por la Séptima Conferencia y la de Consolidación de la Paz; por la Octava Conferencia, donde se tomaron resoluciones en pro de la libertad de comercio y la reducción de las barreras para el comercio internacional; tocando en la Reunión de Ministros de Hacienda en Guatemala, noviembre de 1939, donde, a iniciativa del Delegado mexicano, Eduardo Villaseñor, se acordó la creación de un Instituto Financiero Panamericano, hasta las reuniones de La Habana, Río de Janeiro y Ciudad México, el afán de mutua cooperación entre los pueblos estuvo latente como un imperativo impostergable.

En ese orden las cosas, el terreno estaba perfectamente preparado para el Convenio Económico de Bogotá, suscrito en abril de 1948, en el cual los Estados Americanos, deseosos de fortalecer y desarrollar en el campo económico las relaciones que los unen, y comprendiendo que el bienestar económico de cada Estado depende en gran parte del bienestar económico de los demás, reconociendo que en la Conferencia para el Mantenimiento de la Paz se ha considerado que la seguridad económica indispensable para el progreso de los pueblos americanos constituye la mejor garantía de su seguridad política y para el mantenimiento de la paz continental; basados en la Carta Económica de las Américas y en la Carta de las Naciones Unidas y la Carta de la Organización de los Estados Americanos, declaran: "que tienen el deber de cooperar para la solución de sus problemas económicos, y de actuar en sus relaciones económicas internacionales animados por el espíritu americanista de Buena Vecindad".

Además de los principios, el Convenio Económico tiene capítulos referentes a Cooperación Técnica, Cooperación Financiera, Inversiones Privadas, Cooperación para el Desarrollo Industrial y Económico, Seguridades Económicas, Garantías Sociales, Transporte Marítimo, Libertad de Tránsito, Viajes Interamericanos, Ajuste de

Controversias Económicas y Coordinación con otros Organismos Internacionales.

LA NO INTERVENCIÓN DE UNOS ESTADOS EN LOS ASUNTOS DE OTROS

Desde la proclamación de la Independencia, los nuevos Estados hicieron reiteradas declaraciones sobre la no injerencia de los unos en los asuntos de los otros; conducta ésta abiertamente contraria al espíritu de Europa, donde, en virtud del equilibrio político, se formaban las ententes para contrarrestarse recíprocamente. Por otra parte, la Santa Alianza intervino de modo inverecundo en la suerte de los pequeños países, y como se obstinaba en no reconocer la emancipación de las Repúblicas Americanas, el peligro de una invasión era inminente. Mas, ¿de qué servía que proclamaran la no intervención países débiles, sin economía organizada, sin ejército debidamente equipado y carentes de un verdadero sentido de nacionalidad?

Cualquiera declaración de esta naturaleza habría movido a risa los fieros rostros imperialistas. No acontecería lo propio tratándose de una declaración por parte de los Estados Unidos, a la sazón en proceso de robustecimiento. Y como las amenazas eran frecuentes, la actitud del Tío Sam no se hizo esperar. Así lo vemos protestando enérgicamente contra el úkase del Imperio Ruso —ya mencionado—, que establecía el monopolio de la pesca en las costas del Pacífico.

El 2 de diciembre de 1823, el Presidente Monroe presentó al Congreso su famoso mensaje, cuyos puntos vitales eran:

1.—Los Estados del Nuevo Mundo que se han declarado independientes, tienen un derecho adquirido y, por tanto, ningún Estado europeo puede intervenir en su vida nacional, porque son autónomos para organizarse como a bien tengan.

2.—Ningún Estado Americano es susceptible de reconquista.

3.—Los Estados Americanos no intervendrán en la vida europea.

4.—Los Estados Europeos no podrán adquirir, a título de ocupación, ninguna parte de territorio americano.

Monroe decía en su mensaje:

"En las guerras entre las potencias europeas no hemos intervenido ni intervendremos. Nos prepararíamos para la defensa en el caso de que nuestros derechos fueran atacados o de que fuéramos injuriados. En los acontecimientos de este Hemisferio, nosotros somos los más inmediatamente interesados, y la causa de ello no puede ser más racional y justa. El sistema político de las potencias europeas es esencialmente distinto del que hemos adoptado, y estas diferencias provienen, precisamente, de la diversidad de sus gobiernos. Pues bien, teniendo en cuenta los lazos de amistad que nos unen con dichas potencias, debemos declarar que consideraremos como peligrosa a nuestra tranquilidad y seguridad, la tentativa de extender su sistema político sobre cualquier parte de este hemisferio. El Gobierno de Estados Unidos no ha intervenido ni intervendrá en las actuales colonias americanas de los Estados de Europa; pero estimará como acto de hostilidad cualquier intervención extranjera que tenga por objeto oprimir o controlar los destinos de los Estados que han declarado y sostenido su independencia".

La isla de Cuba, en poder de España, provocaba la tentación de las potencias europeas. Frente a esas pretensiones, Mr. Clay declaró en 1825, que Estados Unidos no consentiría en la ocupación de la isla por un poder europeo distinto del de España.

Los Estados Unidos se convirtieron en el bastión de la libertad americana. Uniendo la acción a la palabra, repetidas veces sus fuerzas de mar y tierra hicieron demostraciones para detener a los invasores. En efecto, América escuchó con gratitud la airada protesta del Tío Sam en 1848, cuando el General Flores intentaba la invasión al Ecuador, apoyado por fuerzas europeas; la declaración en el mismo año, contra la actitud de Yucatán, que pretendía separarse de México; en numerosas épocas, cuando Gran Bretaña quería adueñarse de la América Central; en 1861, cuando España reconquistó la Isla de Santo Domingo; en 1864, cuando la Madre Patria le declaró la guerra a Perú y Chile; en 1895, a propósito de la cuestión de límites con la Guayana Inglesa, suscitada entre Venezuela y la Gran Bretaña; y en el propio año, contra la actitud de Nicaragua, que le ofreció a Inglaterra una isla para estación carbonera.

Y más aún: en 1902, cuando, protegiendo los intereses de algunos súbditos suyos, las escuadras de Inglaterra, Alemania e Italia bloquearon las costas de Venezuela para exigir el pago de algunas obligaciones contraídas por el Gobierno venezolano, fue la presencia de Estados Unidos el factor decisivo en el arreglo.

Frente a esa vergonzosa actitud de los países bloqueantes, se alzó la voz excelsa, plena de justicia y de sabiduría, del Ministro de Relaciones argentino, Doctor Luis María Drago, cuyo dicho ha venido con el tiempo a constituir la Doctrina que lleva su nombre y que es parte esencial del Derecho Internacional Americano.

Mas, he aquí que de repente, los Estados Unidos, campeones de la seguridad continental, se convierten, por su ansia de poderío, en el peligro número uno para la vida de Latinoamérica. Y comienzan las intervenciones de toda especie: políticas, económicas, militares. Y ahora nuestras pálidas naciones tienen que vérselas entre frentes contrapuestos que amenazan su existencia con idéntica fiereza.

La misma Doctrina Monroe, que sirvió de malecón ante el embate de la reconquista europea y de elemento de equidad entre las naciones americanas, se vuelve, merced a las interpretaciones de algunos jefes yanquis, un instrumento de intervención en la vida de los países aquende el Río Bravo.

Antes del novecientos, los Estados Unidos, integrada su potestad política y económica, comienzan su nefasta labor de intervención. Como estas repúblicas continuaban sumidas en un infierno de luchas intestinas, la mano de los capitalistas americanos metía la antorcha del odio en los corazones, y extraía riquezas fabulosas. Cuando algún patriota trataba de impedir las turbias maquinaciones, he aquí que el Departamento de Estado, "para proteger a sus súbditos", intervenía sin el menor escrúpulo, derrocando al Gobierno constituido si no era de su agrado, y obligando a nuestros países a pagar cruentas indemnizaciones.

El poder de los Estados Unidos sobre nuestros destinos se consolidó en 1901 con la firma del Tratado Hay-Pauncefote, entre delegados ingleses y americanos, tratado que vino a derogar el llamado Clayton-Bulwer, celebrado por los mismos países en 1850, para construir un canal interoceánico en Nicaragua. La derogatoria consistía en dejar a los Estados Unidos la facultad de emprender por sí solos la construcción de un canal interoceánico a través de la América Central.

En 1898, el Tío Sam le declaró la guerra a España para instigar la independencia de Cuba. En esa guerra desigual, la Madre Patria tuvo que perder a manos de su vencedor las Islas Filipinas y Puerto Rico; y renunciaba a la soberanía de Cuba (Tratado de París, 1898), sobre la cual tenían los yanquis apetitos muy visibles.

Ejercía la Presidencia de los Estados Unidos el más agrio de los intervencionistas: Teodoro Roosevelt, cuyo gobierno asumió la administración de la isla, de conformidad con lo estipulado por las cancillerías de Washington y Madrid, en el Tratado de París. Mas, convocado el pueblo a escoger su destino por medio de una Constituyente, promulgó su Constitución por sufragio universal en febrero de 1901 y se organizó el primer gobierno de Cuba el 20 de mayo de 1902. Y, en previsión de los riesgos que podían correr las empresas financieras, quedó en la Constitución la reserva denominada Enmienda Platt —nombre del senador norteamericano que la promovió—, mediante la cual el Gobierno de Estados Unidos quedaba autorizado a intervenir en la vida de Cuba, para sostener su independencia y para establecer un gobierno adecuado, mientras la nueva República no alcanzara su mayoría de edad política y administrativa. En 1903, y mediante Tratado que se ratificó en 1904, la Enmienda Platt fue retirada de la Constitución cubana.

En el mismo año de 1903, Cuba dio en arrendamiento a los Estados Unidos, por el precio de dos mil dólares anuales, cierta extensión de territorio para el establecimiento de estaciones navales y carboneras. La intervención de los Estados Unidos fue intensa y dramática durante muchos años; mas, a partir de la época, arbitrarias. Efectivamente, en 1934, se firmó un nuevo tratado para la tierra de Martí y Estrada Palma.

Con todo, mientras los Estados Unidos insistían en construirlo en Panamá, hicieron reiteradas proposiciones a Colombia, para obtener en arrendamiento aquella zona; pero a todas sus ofertas, la culta nación sudamericana había respondido siempre con la negativa. Que Colombia no podía atender en forma competente la vida de Panamá, por hallarse en situación precaria en virtud de guerras civiles, es un hecho incuestionable. También es cierto que no podía construir el canal por su cuenta y riesgo y que la propuesta de los Estados Unidos era bastante jugosa. A pesar de todo, los hijos de Santander se mostraron obstinadamente contrarios a la idea de ceder en arrendamiento la zona solicitada.

Frente a esa situación, los patriotas panameños, que veían en la propuesta el punto de partida de su prosperidad económica, pusieron buen oído a las lisonjas, y con ayuda del Gobierno gringo proclamaron su independencia, lo cual no fue difícil porque Panamá tendía más bien a identificarse con Centroamérica, y porque Colombia no podía hacer llegar grandes contingentes militares — bloqueada como estaba por la escuadra yanqui—, a través de selvas impenetrables, que se tendían como murallas portentosas entre el gobierno central y los insurgentes.

Quince días después de proclamada la nueva República, fue reconocida por el Gobierno de Washington. La independencia, como se sabe, fue consumada el 3 de noviembre de 1903. Luego del reconocimiento se firmó el primer tratado. Y así tenemos un nuevo pilar para la hegemonía rubia en la Zona del Caribe.

En 1907, la República Dominicana sufrió la conminación de varias potencias europeas, a las cuales era en deberles fuertes cantidades de dinero. Los Estados Unidos, inspirados en su tradicional política de alejar toda intromisión en este Continente y disolver toda amenaza sobre la Zona del Canal, intervinieron ofreciendo garantizar la deuda y asumiendo la administración del Erario. El 45% servía para atender las necesidades internas, y el 55% restante fue destinado al pago de las deudas. Después de varios años, la Isla estuvo a flote. Pero la ingerencia norteamericana se mantuvo largo tiempo.

En 1914, Nicaragua comprometió la soberanía centroamericana, firmando con los Estados Unidos un vergonzoso tratado que la historia conoce con el nombre de Chamorro-Bryan. La demanda de dos países ante la Corte Centroamericana de Justicia y la protesta de todo el Continente por el carácter lesivo de dicho pacto, son cuestiones harto conocidas.

Las intervenciones políticas han sido numerosas también, y han hallado sustentáculo en la Doctrina Monroe. Paradojas de la vida. La doctrina había sido aceptada como una inteligencia regional en el Tratado de Versalles, al tenor de su Artículo 21. Mas, como el Senado norteamericano no aprobó dicho Tratado, he ahí que el Departamento de Estado siguió usando a su manera la Doctrina, como arma de dos filos.

Corolario de esta conducta, es la declaración del Presidente Wilson, de 1913, en el sentido de que el Gobierno de los Estados Unidos no reconocería a los Gobiernos surgidos en estos países por medio de una revolución o golpe de Estado, lo que significaba una intromisión en la vida de entes soberanos. Y para darle forma tangible a su dicho, se negó a reconocer gobiernos surgidos en tal forma, como el caso de Perú, en 1919. A esta declaración se le ha llamado posteriormente "Doctrina Wilson", y tuvo antecedentes en la Doctrina... sobre la necesidad de reconocer tan sólo a los gobiernos formados en Washington por los países centroamericanos a fines... lo reconocerán los regímenes que surjan de un trastorno constitucional.

Un mensaje del Presidente Wilson, de 1915, decía: "No debe considerarse a la República del Norte como guardián de las demás naciones americanas, pues con arreglo al nuevo concepto de la Doctrina Monroe, participa la responsabilidad de éstas y entiende hacer causa común con ellas por la independencia política y la libertad americana. No hay ni el pensamiento de una tutela respecto de la América Latina. En su lugar hay una asociación completa y honrada entre nosotros y nuestros vecinos, en interés de ambas Américas. Sabido es que no tenemos propósitos egoístas. Sabido es que no hay en nosotros ninguna intención de aprovecharnos de ningún gobierno de este hemisferio ni de valernos de sus azares políticos para nuestro propio beneficio. Por lo que a nosotros se refiere, todos los Gobiernos están en pie de legítima igualdad e incuestionable independencia".

No obstante la belleza de estas expresiones, la política yanqui operaba de otro modo. Mejor dicho, actuaba en la forma que Mr. Knox, ex-Secretario de Estado, retrataba en 1919: "La Doctrina Monroe no es un compromiso ni una entente internacional. Es una política de los Estados Unidos, que este país aplica cuando lo juzga conveniente, sin pedir permiso a nadie. Aceptado el Pacto de la Liga, la Doctrina se convertiría entonces en un entendimiento que podrá ser interpretado por la Liga. Aceptar el Pacto es quitar a la Doctrina Monroe su virtud, y así nosotros no podremos dirigir los propios destinos de América. La Doctrina Monroe, repito, es una política de Estados Unidos, cuyo carácter preciso, amplitud, método y casos de aplicación, como también los medios de hacerla respetar, dependen sólo de la voluntad sin fiscalización de Estados Unidos y son su prerrogativa soberana. Nosotros nos servimos de ella en la medida de nuestras necesidades, nuestra voluntad y la fuerza de nuestras armas".

La intervención seguía en su más cruda etapa, sin que se atisbaran mejores afanes de orientación. Así, en 1920, el Presidente Harding sostenía: "La Doctrina Monroe no es un convenio internacional, ni un Tratado de arbitraje, ni un acuerdo de región. Es una declaración sencilla, franca, valiente, de Estados Unidos, de protección contra las naciones europeas que ejerzan una influencia indebida o apliquen una presión inconveniente sobre las Repúblicas del Hemisferio Occidental. Sí, es un plan de Estados Unidos para protegerlas de la agresión extranjera".

Poco tiempo después, caía el Presidente Orellana en Guatemala, merced a un golpe de Estado instigado por la intervención extranjera; volaban los aviones del Tío Sam sobre las campiñas de Honduras para sofocar los impulsos de una revolución popular, y los marinos blancos hacían de las suyas en la tierra de Rubén Darío, ejerciendo brutal ocupación. Crujían las cuencas de las Segovias y los nicaragüenses morían como hormigas aplastados por la bota ensangrentada de los invasores. El capítulo de Nicaragua se cierra con la muerte de Sandino, titán de una cruzada que aún no se ha sojuzgado con verdadero rigor crítico.

Frente a tan magnos estragos, los países latinoamericanos inauguraron una conciencia reivindicadora. Hoover declaró la política de Buena Voluntad, precursora de la Buena Vecindad. Y en la Conferencia de La Habana, los Delegados Latinoamericanos enfocaron el problema con escasos resultados. Apenas se logró preparar el terreno para consagrar el principio de no intervención en ulteriores convenciones.

En 1933, asumía la Presidencia de los Estados Unidos Franklin Delano Roosevelt, y el sol de la amistad brilló como jamás entre la tempestad que sacudía a estas naciones. Con su política del New Deal y sus afanes de auténtica fraternidad, Roosevelt iniciaba un nuevo modo de pensamiento en los Estados Unidos. El pueblo yanqui, ciego de soberbia, comenzó a abrir los ojos y poco a poco se iba disolviendo la mala voluntad —el odio, mejor dicho— que estos pueblos le guardaban. Roosevelt principió por abolir los tratados donde se autorizaba la intervención.

Pero a fin de estar más seguros de que el deber de no intervención era una realidad en la conducta política de los Estados Unidos, los países latinoamericanos lograron que se suscribiese una Convención sobre "Derechos y Deberes de los Estados", en la cual, sin embargo, no es gran cosa la que se ganó, porque los Estados Unidos formularon una reserva en el sentido de que, por no haber definido el término intervención, aquel país quedaba en libertad de interpretarlo y aplicarlo según su propio criterio.

Y no fue sino en la Conferencia de Consolidación de la Paz —Buenos Aires, 1936— convocada por Roosevelt, cuando los países latinoamericanos aprovecharon el momento psicológico de que los Estados Unidos ansiaban una promesa de cooperación en caso de invasión a este Continente, logrando que se firmara el protocolo adicional sobre la no intervención, ni directa ni indirecta, cerrándose de este modo una lucha secular contra la acción tentacular de las potencias imperialistas.

Ahora bien: si nos detenemos a estudiar "La Dieta de Chinandega", ya mencionada, encontraremos en ella (Art. 4°), que los Estados signatarios, Honduras, El Salvador y Nicaragua, consagran desde entonces (1842) el principio de la no intervención de unos Estados en la vida de otros, lo que da idea cabal de la visión y sentido jurídico de nuestros legisladores y estadistas.

Pero, si bien la amenaza de intervención de los Estados Unidos quedaba cancelada, no acontecía lo mismo respecto de las potencias de ultramar.

Tan pronto comenzó la Segunda Guerra Total, los Ministros de Relaciones Exteriores se reunieron en Consulta en Panamá, en septiembre de 1939, con el propósito de asegurar la integridad del Continente. Y un año más tarde los mismos Cancilleres se reunían nuevamente para formular la "Declaración de La Habana", en virtud de la cual ninguna potencia europea con colonias en América podía traspasar voluntaria o involuntariamente sus posesiones a repúblicas distintas de las veintiuna que por entonces componían el Hemisferio.

Con este precedente, la Novena Conferencia Panamericana creó la "Comisión Americana de Territorios Dependientes", destinada a centralizar el examen del problema de la existencia de territorios dependientes y territorios ocupados, para encontrarle soluciones adecuadas. La atribución especial de dicha Comisión es —según la propia Resolución— estudiar la situación de las colonias, las posesiones y los territorios ocupados que existan en América, así como los problemas conexos con esa situación, cualquiera que sea su naturaleza, con el objeto de buscar los métodos pacíficos para la abolición, tanto del coloniaje como de la ocupación de territorios americanos por países extracontinentales.

LA PAZ AMERICANA

Para pueblos como los nuestros, que han gemido por más de un siglo bajo la cruz de la guerra civil; que han presenciado la secuela de horrores de las luchas intestinas y que después de cada caída hacen profesión de fe por la confraternidad y la redención; para pueblos así, la paz tenía que ser una obsesión cardinal, y hacia su obtención habían de encaminarse los esfuerzos de sus estadistas.

"El respeto al derecho ajeno es la paz", había declarado el benemérito representante de la raza autóctona. Su declaración fue el lábaro de aquellos que carecían de fe y de valor para la lucha. Con ese grito, Benito Juárez echó la piedra angular de nuestra liberación definitiva. Y en todos los conclaves internacionales siempre se ha escuchado la voz que pregona la concordia y el amor entre los pueblos. Los Estados americanos nacieron libres e iguales y no hay razón para que sigan despedazándose entre el fragor de tanta lucha estéril.

Fue en la Conferencia de Montevideo (1933), donde se firmó la Convención que establece los Deberes y Derechos de los Estados, cristalizando en esta forma una serie de impulsos trascendentales y generosos.

Allí también se suscribió el Código de la Paz, presentado por la Delegación mexicana.

Siempre en homenaje al mismo propósito, pueden citarse la Convención Gondra para Prevenir Conflictos, de 3 de mayo de 1923; la Convención General de Conciliación Interamericana de 5 de enero de 1929; el Tratado General de Arbitraje Interamericano y Protocolo Adicional de Arbitraje Progresivo de 5 de enero de 1929; el Protocolo Adicional a la Convención General de Conciliación Interamericana de 26 de diciembre de 1933; el Tratado Antibélico de No Agresión del 10 de octubre ídem; la Convención para Coordinar, Ampliar y Asegurar el Cumplimiento de los Tratados Existentes entre los Estados Americanos, de 23 de diciembre de 1936; el Tratado Interamericano de Buenos Oficios y Mediación de 23 de diciembre del mismo año, y el Tratado Relativo a la Prevención de Controversias, firmado en la propia fecha.

El artículo primero de la Carta de la OEA —Novena Conferencia Panamericana—, dice: "Los Estados Americanos consagran en esta Carta la organización internacional que han desarrollado para lograr un orden de PAZ Y DE JUSTICIA, fomentar su solidaridad, robustecer su colaboración, defender su soberanía, su integridad territorial y su independencia..." Y en el Art. 4°, relacionado con los propósitos esenciales de los firmantes, figura en primer término este:

AFIANZAR LA PAZ Y LA SEGURIDAD DEL CONTINENTE

En la Novena Conferencia, ya citada, se aprobó una recomendación favorable a la Carta Educativa Americana para la Paz, presentada por el Gobierno de Honduras, cuyo tenor es el siguiente: "La IX Conferencia Internacional Americana reconoce y aprecia los altos móviles que han inspirado al Gobierno de Honduras a formular el proyecto de Carta Educativa Americana para la Paz; expresa el deseo de que sus principios sean tomados en cuenta por el Consejo Interamericano Cultural, y ratifica la importancia de cultivar en los países del Continente los sentimientos pacifista y americanista y de fomentar a través de la educación el espíritu democrático y de convivencia internacional".

Y en todos los países americanos, sin excepción, han funcionado y siguen funcionando agrupaciones oficiales y privadas en favor de la paz interna e internacional.

Pues bien: José Cecilio del Valle nos habla de la conveniencia de crear comisiones que se encarguen de defender y mantener la paz como medio de lograr la convivencia armónica de personas y de pueblos. He ahí el antecedente histórico del proyecto presentado por el Gobierno de Honduras.

PROTECCIÓN A LOS TRABAJADORES

El Derecho del Trabajo tiene en José Cecilio del Valle a un precursor manifiesto; pero razones históricas de toda especie retuvieron por más de un siglo el desarrollo de sus principios. La poderosa maquinaria de los intereses creados; la ausencia de una cultura en las masas y el débil desarrollo industrial, que es la fuente generatriz de tal legislación, hicieron nugatoria por mucho tiempo tan generosa doctrina.

Aunque siempre se notaron iniciativas aisladas a través de toda América, fue solamente a principios de este siglo cuando pudieron emitirse algunas leyes sociales como un acto gracioso de los poderes públicos. Con denominaciones paternalicias, dichas leyes venían a mitigar en algo la amargura de las clases laborantes.

En varios países existían "Leyes para proteger a los trabajadores de la Agricultura y de las Minas", las cuales carecían de la mentalidad propia del Derecho Social contemporáneo, que, partiendo del supuesto de la división de clases, contiene instituciones y principios tendientes a defender los intereses de los trabajadores contra los rigores de la explotación organizada; en una palabra, a compensar las desventajas del asalariado contra el poder económico del empresario.

Dichas leyes no llenaban un cometido cabal, porque faltando los tribunales apropiados, así como las organizaciones sindicales y otros elementos decisivos, la justicia quedaba supeditada al procedimiento tradicional para el Derecho Civil, el cual supone a todas las personas en igualdad de circunstancias, matando de este modo los anhelos de justicia del proletariado. Bajo ese régimen —fácil es comprenderlo— , ganaba siempre los pleitos el patrono, por tener en su mano todos los medios al efecto.

Fue en la Quinta Conferencia Panamericana —cuatro años después del Tratado de Versalles, firmado en París el 28 de junio de 1919— cuando se enfrentó resueltamente el problema por varios países americanos, con el propósito de obtener declaraciones conjuntas a fin de mejorar la suerte de los trabajadores en todas las latitudes del Hemisferio. Los resultados no fueron muy fecundos, pero dejaron la simiente de ulteriores realizaciones.

A partir de entonces y a través de las varias conferencias, siempre se habló sobre la necesidad de mejorar la situación de las clases laborantes, sosteniendo que la justicia social es la clave de la paz interna e internacional.

La Organización Internacional del Trabajo, que fue fundada en el Congreso de París en 1919, y de la cual son miembros casi todos los países americanos, en sucesivas oportunidades ha ido consolidando sus principios. Así, en la conferencia de 1944, celebrada el mes de mayo en Filadelfia, declaró que el trabajo no es una mercancía; que todos los seres humanos, sin distinción de raza, credo o sexo, tienen el derecho de perseguir su bienestar material y su desarrollo espiritual en condiciones de libertad y dignidad, de seguridad económica y en igualdad de oportunidades; que la libertad de expresión y de asociación son esenciales para el progreso constante; que la pobreza en cualquier lugar constituye un peligro para la prosperidad en todas partes, y así por el estilo.

Con base en esos postulados y en importantes resoluciones de derecho interno, los delegados a la Novena Conferencia Panamericana le dedicaron a este vital asunto, en la Carta de la OEA, dos artículos que dicen:

"Art. 28.- Los Estados Miembros convienen en cooperar entre sí a fin de lograr condiciones justas y humanas de vida para toda la población.

"Art. 29.- Los Estados Miembros están de acuerdo en la conveniencia de desarrollar su legislación social sobre las siguientes bases: a) Todos los seres humanos, sin distinción de raza, nacionalidad, sexo, credo o condición social, tienen el derecho de alcanzar su bienestar y su desarrollo espiritual en condiciones de libertad, dignidad, igualdad de oportunidades y seguridad económica; b) El trabajo es un derecho y un deber social; no será considerado como un artículo de comercio; reclama respeto para la libertad de asociación y la dignidad de quien lo presta y ha de efectuarse en condiciones que aseguren la vida, la salud y un nivel económico decoroso, tanto en los años de trabajo como de la vejez o cuando cualquier circunstancia prive al hombre de la oportunidad de trabajar."

Y, como testimonio fehaciente de la honda preocupación que sacude a los pueblos de América, sus representantes suscribieron en la misma oportunidad la "Carta Internacional Americana de Garantías Sociales", donde quedan definitivamente plasmados los cinco grandes principios que mencionamos a continuación:

a) El trabajo es una función social, goza de la protección del Estado y no debe considerarse como un artículo de comercio;

b) Todo trabajador debe tener la posibilidad de una existencia digna y el derecho a condiciones justas en el desarrollo de su actividad;

c) Tanto el trabajo intelectual como el técnico y el manual deben gozar de las garantías que consagra la legislación, con las distinciones que provengan de las modalidades en su aplicación;

d) A trabajo igual debe corresponder igual remuneración, cualquiera que sea el sexo, raza, credo o nacionalidad del trabajador; y

e) Los derechos consagrados a favor de los trabajadores no son renunciables y las leyes que los reconocen obligan y benefician a todos los habitantes del territorio, sean nacionales o extranjeros."

La Carta contiene, además, instituciones como Contrato Individual de Trabajo, Salario, Jornada de Trabajo, Descansos y Vacaciones; Trabajo de Menores; Trabajo de la Mujer; Contrato de Aprendizaje; Trabajo a Domicilio; Trabajo Doméstico; Trabajo de la Marina Mercante y de la Aeronáutica; Trabajadores Intelectuales; Derecho de Asociación; Derecho de Huelga; Previsión y Seguridad Sociales; Inspección del Trabajo; Jurisdicción del Trabajo; Conciliación y Arbitraje y Trabajo Rural.

INCORPORACIÓN DEL INDIO EN LA VIDA SOCIAL, ECONÓMICA, POLÍTICA Y CULTURAL

Desde el momento mismo en que los conquistadores pisaron territorio americano, anocheció en la conciencia de estos pueblos. Las milenarias civilizaciones aceleraron su proceso de desintegración. Las riquezas deslumbrantes de los templos y palacios pasaron a colmar las arcas de potencias europeas. Y todo el historial de sabiduría y dignidad acumulado en estas latitudes se hundió como por obra de cataclismo. Y el indio, antes libre y poderoso, comenzó su tristísimo alarido de tres siglos. En la Encomienda y en la Mita dejó todo el aliento de su martirio. De propietario se volvió paria. Y más tarde, bajo la farsa protectora de los Resguardos, ha venido aniquilando los últimos anhelos de su vida atormentada.

Millares de indios sucumbían en las minas. Otros tantos iban a atiborrar los mercados europeos en calidad de esclavos. Y los restantes morían víctimas de las pestes, salidas de la Caja de Pandora para envenenar a la Humanidad.

Es natural que al sonar las trompetas libertarias sobre el horizonte de la Patria, la masa informe y multitudinaria, compuesta por aborígenes, se hallara en absoluta postración económica y cultural. Y el mayor de los sarcasmos fue declarar la independencia política, dejando subsistente la esclavitud.

Frente a ese cuadro doloroso, Valle preconizó la necesidad de abolir tan odioso régimen y de incorporar al indio a la vida integral de la nación. Había en este materia prima capaz de grandiosas realizaciones, y día va a venir —decía el Sabio— en que la raza cobriza, hija directa de la sangre aborigen, llegará a dominar el mundo.

"Las fuentes de donde los hombres derivan sus riquezas son la enseñanza, el sacerdocio, el comercio, la industria y la agricultura. Los indios no son profesores, sacerdotes, comerciantes ni artesanos. Son labradores y no tienen tierras propias. El Gobierno debe mejorar su suerte, haciendo que sean, algunos, artesanos; otros, dependientes de comerciantes; alumnos de colegios, etc., etc."

Y a pesar de los esfuerzos de algunos estadistas, el indio americano poco ha logrado después de la independencia. Sus condiciones de vida son precarias en todos los órdenes. Y es un capital de treinta millones de hombres el que se está despreciando. Esos treinta millones de indios se hallan dispersos principalmente en México, Guatemala, Ecuador, Perú, Colombia, Venezuela, Brasil, Paraguay y Bolivia. Y estos Gobiernos, en mayor o menor intensidad, se ocupan en la culturización de las fuertes masas aborígenes; pero una serie de factores históricos hace difícil la tarea.

Aun en el procedimiento para la misma obra, los criterios se encuentran divididos: quienes opinan que la incorporación debe hacerse de manera automática, arrancando de cuajo a los grupos de su medio, haciendo caso omiso de su tradición y de todas las demás circunstancias que han condicionado su vida anterior; y quienes opinan que dicha labor será más eficaz dejando al indio en su propio ambiente, rodeado de todas las cosas que le son inherentes y proporcionándole tan sólo apoyo económico, asistencia social, alfabeto y demás.

Lo cierto es que el indio tiene una marcada tendencia a la vida comunal. Y sea en el ayllu peruano o en el calpulli mexicano, la obra civilizadora puede tener mejor efecto de acuerdo con la segunda tesis.

Por falta de tierras, el indio ha estado al margen de la actividad agrícola. A veces los Gobiernos les han cedido comarcas al efecto; mas la voracidad de los terratenientes ha encontrado siempre manera de burlar las alambradas legales, dejándoles en la misma situación de amargura y de miseria. Tan sólo pueden entonces dedicarse a labores poco productivas, como la manufactura de sarapes y chivas de lana, en México y Guatemala; a la alfarería rudimentaria, en Guatemala y El Salvador; a la talla de madera, cacharrería y platería en el Perú y Colombia; al tejido de lana, en Colombia y Ecuador. En Bolivia el indio tiene que ser minero, por la circunstancia de que es el único ser humano capaz de resistir ese trabajo a casi cuatro mil metros sobre el nivel del mar, y a grandes profundidades, además.

El régimen de pagos es injusto y deficiente. En Guatemala el indio asalariado en las fincas de café devenga cantidades irrisorias. En el Ecuador, se da por pagado con habitar las tierras de los amos (huasipungo). En Colombia y Perú percibe salario en especie, consistente en mercaderías y coca, droga ésta que estimula sus energías, causando tremendo desgaste. Y así por el estilo.

Mediante la Convención suscrita en Pátzcuaro en noviembre de 1940, fue creado el "Instituto Indigenista Interamericano", con sede en la capital azteca, el cual es sostenido por los países americanos que ratificaron la citada Convención.

El Instituto tiene un presupuesto anual de sesenta mil dólares, los cuales distribuye a prorrata de las necesidades en cada región. Ese organismo sirve, además, de Secretaría General para los Congresos de Indigenistas, los cuales se celebran en períodos más o menos regulares.

Su finalidad es preparar proyectos, distribuir informes, elaborar estudios y trazar planes para la más eficiente protección de la raza indígena.

CAPACITACIÓN CULTURAL DE LA MUJER

En 1829, Valle escribía un interesante trabajo intitulado "Mujeres", en el cual invoca leyes protectoras por parte de los Gobiernos. Creía —y esta era línea central en su pensamiento— que el paso preliminar hacia la liberación integral de la mujer era su capacitación cultural. En uno de los párrafos retrata el cuadro general de aquella época, así: "Mirad en un mapa las partes que dividen la tierra o los Estados que existen sobre su superficie. Leed en la historia de cada uno la de las mujeres que lo pueblan. En África son vendidas como las ovejas que pacen en un prado. En Asia tienen una existencia triste como la servidumbre. En Oceanía siguen los pasos de la civilización que va progresando con rapidez. En América empiezan a sentir las influencias de los nuevos gobiernos. En Europa avanzan cada día más en la ilustración: son pulcras, y dignas muchas de entrar en conversación con hombres eminentes, honor del siglo y del país donde viven".

Por ese tiempo nadie pensaba en el valor de la mujer, y nadie tampoco habría defendido sus capacidades y sus derechos a la altura de los hombres. En el citado estudio, Valle exhortaba a las mujeres del Istmo en esta forma: "Centroamericanas, oíd la voz de quien desea vuestra felicidad. No seáis indiferentes a los intereses de la Patria. Vuestros destinos dependen de los de la Nación; vuestra suerte está unida con la de la República".

En otra parte de su ideario, dice: "La influencia de las mujeres es muy grande. Importa nacionalizarlas, y a ese fin sería conveniente que los periódicos publicaran artículos que llamaran su atención".

Corrieron muchos años y nadie tomó en serio la tesis, que parecía aventurada. La mujer americana venía de la noche de la Colonia e iba hacia la noche de la incomprensión. El hombre, su complemento histórico y biológico, afanado en las vendimias de la sangre, tan sólo acarreaba para ella miseria, abyección y muerte. No había tiempo para el alfabeto ni para trabajos ennoblecedores. Ni mucho menos para pensar en los derechos civiles o políticos de su compañera.

Había, en cambio, fanatismo religioso, en forma de una brea vergonzosa, donde se mezclaban las supercherías y las ambiciones de los sacerdotes.

Pero ya a fines del pasado siglo se fueron dibujando en uno que otro país posibilidades de instituciones de derecho civil, como la capacidad de contratar, el divorcio, la separación de cuerpos y demás. Con esto la mujer adquiría ambiente de mínima libertad.

En consonancia con este movimiento, sobrevino la oportunidad de obtener títulos en la enseñanza, y en varias naciones de Sudamérica comenzaron a formarse las primeras profesionales universitarias.

Al entrar en el presente siglo, ya la mujer americana había conquistado algunos derechos civiles y culturales. Faltaban los derechos políticos y sociales.

Los derechos políticos han motivado la más dramática lucha de todos los tiempos. Los Estados Unidos fueron los primeros en proclamarlos, después de intensa tarea, en 1920. Le siguió Centroamérica, al consagrarlos en su Constitución Federal de 1921. El tercer país que dio este importante paso fue Ecuador, en 1929, habiéndole seguido Brasil y Cuba, que los consagraron en 1934.

Los derechos sociales de la mujer han venido otorgándose coetáneamente con los del varón, hasta culminar en el régimen establecido en la Carta Internacional Americana de Garantías Sociales.

En 1923, la Quinta Conferencia Panamericana atacó por primera vez el problema de los derechos políticos para la mujer.

Por entonces sólo fue aprobada una resolución de texto así: "Recomendar al Consejo Directivo de la Unión Panamericana que incluya en el Programa de las futuras Conferencias el estudio de los medios de abolir las incapacidades constitucionales y legales en razón de sexo, a fin de que, en oportunidad, y mediante el desarrollo de las capacidades necesarias para asumir las responsabilidades del caso, se obtenga para la mujer americana los mismos derechos civiles y políticos de que hoy disfrutan los hombres".

En la Sexta Conferencia, La Habana, 1928, a fin de darle un contenido más vigoroso y trascendente a la cuestión, fue creada "La

Comisión Interamericana de Mujeres", con miras a preparar la información jurídica y de cualquier otra naturaleza susceptible de ser considerada en la Séptima Conferencia, donde se emprendería el estudio de la igualdad civil y política entre hombres y mujeres.

La Comisión trabajó arduamente en el asunto; mas, llegada la hora, no se puso a discusión el tema, y apenas fue aprobada una Convención sobre Nacionalidad de la Mujer Casada y un Acuerdo prolongando la existencia de la Comisión Interamericana, a la cual se dio un voto de aplauso por su meritísima labor, excitándola a proseguir sus trabajos para ser presentados en la próxima Conferencia Panamericana, Lima, 1938.

De esta nueva Conferencia surgió la llamada "Declaración de Lima sobre Derechos de la Mujer", la cual reza literalmente:

"Considerando: que la mujer, que representa más de la mitad de la población de América, reclama plenos poderes, como acto de la más elemental justicia humana;

"Considerando: que la mujer ha participado en forma efectiva y con alto sentido de responsabilidad en el desarrollo histórico de todos los pueblos de América;

"Considerando: que ha demostrado ampliamente su capacidad en todos los campos de la cultura y de la actividad humana;

"Considerando: que la mujer de América, antes de reclamar derechos, ha sabido asumir, en el orden social, todas sus responsabilidades, dando así el más grande ejemplo de civismo consciente:

"ACUERDA: 1° – Declarar que la mujer tiene derecho:

a) A igual tratamiento político que el hombre;

b) A gozar de igualdad en el orden civil;

c) A las más amplias oportunidades y protección en el trabajo; y

d) Al más amplio amparo como madre.

"2° – Encarecer a los gobiernos de las Repúblicas Americanas que dicten, con la mayor urgencia posible, la legislación consiguiente para la realización de lo que se denominará: 'Declaración de Lima en favor de los derechos de la Mujer'."

Y nuevas resoluciones prolongando la existencia de la Comisión, y nuevos aplausos por su obra.

En la Conferencia Interamericana sobre Problemas de la Guerra y la Paz —México, marzo de 1945—, también fueron tomadas algunas resoluciones importantes. Pero la consagración definitiva de los citados derechos la encontramos en las Convenciones sobre Derechos Civiles y Políticos de la Mujer, aprobadas en la Novena Conferencia Panamericana.

En esa oportunidad pasó también el "Estatuto Orgánico de la Comisión Interamericana de Mujeres".

Hasta la fecha, diecinueve países han otorgado los derechos políticos a la mujer. Y no está lejano el día de la claridad manumisora sobre los cielos de América. (*)

(*) Actualmente, la mujer goza de los derechos políticos en todos los países miembros de la OEA.

LIBERTAD

Padre de una Patria, no sólo por crearla sino inclusive por haberla libertado en dos oportunidades, Valle era, huelga el árbol del liberalismo político y económico, profundamente equilibrado, capaz de rendir los más jugosos frutos para las instituciones de su medio; pero desgraciadamente los ejecutores de tan hermosa doctrina empañaron sus principios con maldad e ignorancia.

Respecto de la libertad de pensamiento, cuyo más decisivo vehículo de entonces era la imprenta, Valle escribió numerosos trabajos; y no una sino varias veces, en discursos populares y académicos, encareció las virtudes de los regímenes que la sustentan.

"La libertad de imprenta —decía cierta vez— es la base grande de todas las libertades. No hay despotismo donde hay libertad de imprenta. Si se han establecido sociedades para fomentar la agricultura e industria, para proteger los adelantos de la ciencia, de la poesía, de la elocuencia, etc., ¿no sería de la mayor importancia establecer una Sociedad de Amigos de la Libertad Legal de Pensar? Su instituto debería consistir en sostenerla en el país donde se halle establecida, y censurar a los que la opriman en otras".

En su importante estudio intitulado "La Libertad de Imprenta", encontramos conceptos como éste: "La imprenta es el sentido universal del cuerpo político, así como el tacto es el sentido general del cuerpo humano. Su libertad es consecuencia necesaria de la falibilidad común. Es preciso permitirla, o decir que quienes gobiernan no pueden errar. Ella enfurece al espíritu orgulloso de dominación, porque le quita la máscara; intimida y desconcierta a la audacia y tiranía por la sola posibilidad de su vigilancia...".

Y finaliza: "En una nación que comienza a existir, en un sistema que empieza a formarse, debe de haber inexperiencia, equivocaciones y errores. Si los hombres de probidad y luces no pueden publicar las que les ha dado el estudio de toda su vida y la experiencia de muchos años, ¿a qué abismo serían llevados los pueblos, que no han proclamado su independencia para ser infelices sino para mejorar sus destinos, gozando suma más grande de felicidad?".

Valle consideraba la ilustración como el más preciado bien en la vida de la Humanidad. Corolario de su tesis, la libertad de pensamiento aseguraba la salud espiritual. Y una vez establecida la libertad de pensar, consecuencialmente sobrevendrían las otras: libertad de locomoción, libertad de asociación, libertad de comercio, libertad de trabajo, libertad, en fin, de todo tenor.

Y sus frases fueron de vasta trascendencia histórica, porque la lucha en pro de la libertad de pensamiento continúa viva. Los dictadores y los grandes empresarios, lo mismo que algunos prelados que aún reflejan la sombra de su sotana sobre las masas adormecidas, meten mordazas todos los días en la conciencia de los hombres libres.

Y hoy como ayer, la persecución, la cárcel y la muerte de los periodistas y oradores es un modus operandi de frecuente acaecimiento.

LA EDUCACIÓN DEL PUEBLO SOBRE BASES DEMOCRÁTICAS

Coetánea con la colonización, se operó la fundación de universidades y colegios en este Continente. En tales centros ingresaban solamente los españoles y los hijos de españoles.

Natural consecuencia de esta conducta era la ignorancia total de los indígenas. No obstante de que tanto las leyes de Castilla como Sus Majestades enfatizaban su protección hacia el aborigen, los conquistadores siempre se ocuparon en la explotación sistemática de las masas degradadas, a cuya postración contribuyó el clero, que en nombre de Dios colmó de horrores la faz de esta América trigueña.

Comentando en 1821 un Real Decreto por el cual se admite a los hijos de negros en los colegios de estas provincias, Valle se expresa así:

"No admira que lo haya dictado un Congreso de Diputados superiores a preocupaciones inhumanas. Lo que admira es que en siglos enteros se haya excluido de los colegios a los individuos del pueblo que con sus contribuciones han levantado los colegios; lo que admira es que en siglos enteros se haya prohibido cultivar el talento a los que habían nacido con él; lo que admira es que en siglos enteros, para admitir al estudio de las ciencias, no se hubiesen pedido pruebas de talento sino informaciones sobre el color de la piel; lo que admira es que, conociéndose el influjo de las ciencias en la felicidad pública, se hubiese estancado su cultivo en un pequeño número de individuos; lo que admira es que, debiendo suponerse más talentos en un máximo que en un mínimo de personas, se alejase al máximo del estudio de las ciencias; lo que admira es que teniendo todos derecho para elegir oficio o profesión, se prohibiese el uso de este derecho; lo que admira es que, permitiéndose a todos cultivar la tierra, ser artistas o mercaderes, no se permitiese a todos cultivar las ciencias."

El mismo autor fue quien trabajó con mayor énfasis en el Proyecto de Constitución Federal, donde se establece que la enseñanza es laica, gratuita y obligatoria para todos, sin distinción de clase, sexo, raza, nacionalidad y demás. Y suyos son también dos importantes proyectos: el de la Universidad Americana y el de la Biblioteca Americana, con sede en la ciudad de Panamá, como faros que iluminan la conciencia del Continente, en sombras entonces y en sombras a la hora presente.

CAPÍTULO VIII: DERECHO INTERNACIONAL AMERICANO

PANAMERICANISMO. CONGRESOS Y CONFERENCIAS CELEBRADOS ENTRE 1826 Y 1889

La independencia de los países americanos hubo de consumarse en idénticas circunstancias de lugar y de tiempo. Esto explica satisfactoriamente la existencia de un común denominador que ha venido rigiendo las aspiraciones de los mismos por más de una centuria.

Los Estados Unidos, en 1776, habían declarado su mayoría de edad, invitando con su actitud a las colonias españolas a cortar las ataduras y proclamar su autonomía. El gran pueblo del Norte, mitad por interés y mitad por simpatía, ofreció su valioso contingente para que la causa prosperase; y, corriendo los años, cuando la garra imperialista cerníase desde Europa sobre la gelatinosa estructura de las jóvenes naciones, el Tío Samuel, como un Atlas siglo diecinueve, sostuvo sobre sus espaldas la tremenda carga histórica de la defensa continental.

Aunque mediaban diferencias raciales, políticas, religiosas y culturales, los pueblos de América soñaron siempre con la unidad. Los estadistas yanquis y los iberoamericanos preconizaron a un tiempo mismo tan bella realización. En Centroamérica, José Cecilio del Valle hablaba de un sistema americano, comprendiendo a todos los Estados sin excepción. Y en el extremo Sur, el pensamiento era similar. En Colombia, Bolívar deseaba un Congreso Latinoamericano, mientras que Santander pensaba como Valle. Es a Santander, pues, a quien se debe la invitación que el Gobierno colombiano hiciera al de los Estados Unidos para el Congreso de 1826.

En esa memorable oportunidad se dio forma tangible a un viejo sentimiento de solidaridad, que venía latente desde los días de la lucha emancipadora. Ese afán de cooperación, ese permanente interés de un Estado por la suerte de los otros, es lo que ha venido a consolidarse con el nombre Panamericanismo, que, más que una doctrina jurídica, es la conducta de un Continente cuyos pueblos se consideran miembros de una misma familia.

Por tanto, no puede juzgarse exacta la definición de Panamericanismo, acordada en la Conferencia de Afianzamiento y Consolidación de la Paz, en 1936. El Art. 3° de la Resolución sobre Principios de Solidaridad y Cooperación Interamericana dice: "El Panamericanismo, como principio de Derecho Internacional Americano, consiste en la unión moral de todas las Repúblicas de América, en la defensa de sus intereses comunes sobre la base de la más perfecta igualdad y recíproco respeto a sus derechos de autonomía, independencia y libre desenvolvimiento, etc."

El Panamericanismo no es una norma de derecho internacional, sino un sistema de acción política para los pueblos del Hemisferio. En qué consiste el Derecho Internacional Americano, es algo que trataremos enseguida.

Años después del Congreso Bolivariano, México tomó la iniciativa para continuar las sesiones de éste en la ciudad de Tacubaya, de conformidad con lo resuelto en Panamá. Pero el resultado fue negativo porque nuestros países sufrían el cáncer de la vergüenza interna.

En 1847, frente a la amenaza de una invasión al Ecuador apoyada por fuerzas españolas, cundió el pánico en el sector septentrional de Sudamérica, motivo por el cual el Gobierno del Perú convocó a un Congreso, habiendo asistido representantes de Chile, Bolivia, Nueva Granada y Ecuador. Y en 1856, cuando el filibustero William Walker hacía de las suyas en Nicaragua, hubo de celebrarse en Chile otro Congreso con miras a asegurar la defensa del Continente y darle protección a Centroamérica. Asistieron Chile, Ecuador y Perú, y después se solidarizaron Guatemala, México, Costa Rica y El Salvador.

La reconquista de Santo Domingo por España en 1861 y la invasión española a Perú y Chile, con la ocupación de las islas Chinchas; así como la invasión de Francia a México en 1862, motivaron la convocatoria del Gobierno peruano para un nuevo Congreso, que tendría por sede la ciudad de Lima, 1864. A él concurrieron Bolivia, Chile, Venezuela, Ecuador, Panamá, Guatemala y El Salvador.

Como ya el infierno de las guerras fratricidas estaba carcomiendo los cimientos de la nueva nacionalidad, los delegados no sólo fijaron su atención en las invasiones extracontinentales sino que por primera vez declararon que todas las diferencias suscitadas entre los Estados, especialmente por cuestiones limítrofes, debían resolverse de modo pacífico.

Trece años más tarde, y en la muy señora ciudad de Lima, volvieron a reunirse varias delegaciones especializadas con el propósito de uniformar la legislación de estos países respecto a varias importantes materias. Estados Unidos no concurrió a dicha Conferencia, alegando que la corriente anglosajona a la cual está vinculada su jurisprudencia no armonizaba en muchos aspectos con la corriente continental, que informa las demás legislaciones. Allí se firmó un tratado fijando reglas para solucionar conflictos en materia de sucesiones, estado civil y capacidad jurídica de las personas, matrimonio en país extranjero, delitos cometidos por extranjeros y otras similares.

En 1883, con ocasión del centenario de haber nacido Simón Bolívar, se reunió en Caracas un Congreso, con asistencia de Colombia, Argentina, Bolivia, Perú, El Salvador y México. Fue de menor importancia. Tan sólo representaba una ocasión más para estrechar el sentimiento de confraternidad.

Y finalmente, fue en 1888-89 cuando se pudo codificar buena parte de la legislación interamericana —sudamericana más bien— en el Congreso de juristas realizado en Montevideo, a iniciativa de Argentina y Uruguay. Asistieron, además de los iniciadores, Bolivia, Brasil —por primera vez—, Chile, Paraguay y Perú.

Las materias codificadas entonces fueron, entre otras, Derecho Civil, Derecho Comercial y Derecho Penal Internacional.

No obstante haberse logrado consolidar el sentido —un tanto cartilaginoso todavía— de la unión entre los países como medio directo de asegurar la integridad territorial y la tranquilidad interna, quedaban algunos Estados que, por desconfianza o por desconocimiento del ideal, omitieron prestar la suficiente cooperación. Sólo a partir de entonces, y mediante convocatoria de los Estados Unidos, comenzó el Panamericanismo, sobre bases de integral entendimiento, yendo en constante progreso hasta lograr la perfección que le caracteriza a la altura de medio siglo veinte.

DESDE WASHINGTON 1889 HASTA BOGOTÁ 1948

Repitiendo una fallida invitación que formulara seis años antes el Gobierno de su país, el Secretario de Estado Mr. Blaine, en virtud de un acuerdo de 24 de mayo de 1888, giró convocatoria a los gobiernos de América para una Conferencia que había de celebrarse en la ciudad de Washington, el año siguiente, para tratar asuntos relacionados con: medidas que tiendan a preservar la paz y promover la prosperidad de los Estados Americanos; unión aduanera americana; comunicaciones regulares entre los diversos países; sistema de reglamentos aduanales; pesas y medidas; leyes que protejan el derecho de patentes de invención y marcas de fábrica; extradición; moneda común; sistema de arbitraje obligatorio para los Estados, y otras cuestiones de menor importancia.

Esta conferencia celebró sus sesiones entre octubre de 1889 y abril de 1890; habiendo asistido representantes de todos los países americanos, con excepción de Santo Domingo.

En esa conferencia no se firmaron convenciones; tan sólo se adoptaron resoluciones y recomendaciones. Además de las recomendaciones sobre las materias indicadas anteriormente, es digna de énfasis la que se refiere a la creación de una Oficina Internacional de las Repúblicas Americanas, la cual se convertiría más tarde en la Unión Panamericana, a su vez piedra angular de la Organización de Estados Americanos (OEA).

La Segunda Conferencia Panamericana tuvo lugar en México, de octubre 1901 a enero 1902. En ella se firmaron cuatro tratados, seis convenciones, un protocolo de adhesión a los Tratados de La Haya, tres recomendaciones y una proposición.

Del 23 de julio al 26 de agosto de 1906 se celebró en Río de Janeiro la Tercera Conferencia Panamericana. Dejaron de asistir Venezuela y Haití; pero hicieron acto de presencia por vez primera Panamá y Cuba, que recién habían conseguido su independencia. Varias convenciones fueron suscritas; mas, estando próxima la Segunda Conferencia mundial de La Haya, dejaron para esa ocasión algunas materias importantes, entre las que figuraban el arbitraje obligatorio y la cuestión del cobro coercitivo de la deuda pública, alrededor de la cual había formulado una sólida tesis el Canciller Argentino Luis María Drago.

En Buenos Aires, entre julio y agosto de 1910, se reunieron los Delegados Americanos en su Cuarta Conferencia. Allí se ahondaron ciertas cuestiones abordadas en anteriores ocasiones. Se firmó una Convención sobre reclamaciones pecuniarias, la cual vino a limpiar de nubarrones el horizonte de los pueblos débiles, pues los tratados sobre tal materia firmados anteriormente los tenían atados contra el madero de su propia impotencia. En esa oportunidad, la Delegación Brasilera propuso un voto de reconocimiento hacia la Doctrina Monroe, como guardián de la soberanía de estos países. Era el centenario de la independencia de Hispanoamérica. Pero la intervención de los Estados Unidos estaba tan en boga por entonces que nuestros países, justamente resentidos, echaron abajo tan entusiástico propósito.

Llega la Primera Guerra Total y todas las actividades sufren una paralización. Sobrevienen serios trastornos en el mundo, y los norteamericanos, que evitaban tomar parte en la guerra, se ven obligados a entrar en ella, horadando así la integridad de la Doctrina Monroe en aquello de no intervenir en los asuntos de Europa.

Restablecida la situación, los países americanos volvieron a sus tareas de unificación. En marzo de 1923 se verificó la Quinta Conferencia Panamericana en Santiago de Chile, la cual debía haberse celebrado en noviembre de 1914.

Esta Conferencia no fue muy afortunada. En una discusión sobre la existencia del Derecho Internacional Americano, se engolfaron largo tiempo algunos ilustres Delegados. De allí salió la "Convención Gondra" sobre Comisiones de Investigación, la que logró armonizar fuertes intereses políticos contrapuestos por Estados Unidos y la Argentina. Y merecen un recuerdo las recomendaciones relacionadas con la legislación obrera americana y con los derechos civiles y políticos de la mujer.

A principios de 1928 se celebra en Cuba la Sexta Conferencia Panamericana. Políticamente no produjo grandes cosas; pero logró encender la llama de los anhelos antiintervencionistas. En efecto, agrias fueron las discusiones promovidas en el seno de la misma, con ocasión de las intervenciones que a la sazón estaba realizando el Presidente Coolidge —último Presidente intervencionista— próximo entonces a entregar el mando. Aunque los Estados Unidos lograron detener por esos días el impacto de la protesta iniciada por las Delegaciones Iberoamericanas capitaneadas por la Argentina y El Salvador, ya quedaba latiendo la semilla en espera de un ambiente más propicio.

Allí fueron formuladas "Las bases Fundamentales del Derecho Internacional", que forman antecedente de innegable importancia. Asimismo fue aprobado el Código de Derecho Internacional Privado —"Convención Bustamante"— presentado por su autor, el ilustre internacionalista cubano José Antonio Sánchez de Bustamante y Sirvén, Código que constituye la más completa y perfecta realización de su especie lograda hasta la fecha. Y se aprobaron convenciones relativas a: Aviación Comercial, Revisión de la Convención sobre Propiedad Literaria, Agentes Consulares, Funcionarios Diplomáticos, Asilo, Condición de los Extranjeros, Tratados, Neutralidad Marítima, Derechos y Deberes de los Estados en caso de Luchas Civiles y Unión Panamericana.

Algunos proyectos de estas convenciones fueron elaborados por la Junta Interamericana de Jurisconsultos en Río de Janeiro, en 1927. Quedaron otros sin discutirse. No obstante, puede asegurarse, en líneas generales, que la Sexta Conferencia fue fecunda en realizaciones de orden técnico.

Montevideo, diciembre 1933, fueron el lugar y la fecha señalados a la Séptima Conferencia Panamericana. Allí se suscribieron algunas convenciones cuyos problemas apenas pudieron dibujarse en la Conferencia anterior, como la relativa a los Derechos y Deberes de los Estados; la No Intervención; Asilo Político; Nacionalidad de la Mujer Casada y otras.

La Octava Conferencia Panamericana —del 9 al 27 de diciembre de 1938— tuvo su sede en Lima. Se caracteriza, entre otras cosas, porque en ella no se aprobaron convenciones, sino solamente declaraciones, recomendaciones y votos. Se celebró cuando América tenía frente a sus ojos el pavoroso drama de Europa en la Segunda Gran Guerra. Antes se había firmado en Buenos Aires —diciembre 1936— la Conferencia Interamericana de Consolidación de la Paz, la cual, sin ser propiamente una Conferencia Panamericana, propendía a realizar idénticas finalidades.

De la Conferencia de Lima surgieron resoluciones estableciendo el procedimiento para las Reuniones de Consulta entre los Ministros de Relaciones, creadas en 1936. Casi seguidamente se realizaron: la primera Reunión en Panamá —1939—; la segunda en La Habana, 1940; y la tercera en Río de Janeiro, 1942. Ahora, nueve años después de la última, se ha celebrado en Washington la Cuarta Reunión de Consulta de Cancilleres.

Partiendo de una recomendación tomada en la Octava Conferencia, se reunieron también en Guatemala —1939— los Ministros de Hacienda para afianzar la solidaridad económica. Esta Reunión es precursora, en tal materia, de la Conferencia sobre Problemas de la Guerra y la Paz, 1945; y sus resoluciones animaron la "Carta Económica de las Américas", suscrita el 7 de marzo del mismo año, en la Ciudad de los Palacios.

La Novena Conferencia Panamericana, cuya celebración se demoró considerablemente a causa de la Segunda Guerra Total, tuvo por sede la ciudad de Bogotá. Comenzó el 30 de marzo y terminó el 30 de abril de 1948.

Los más importantes documentos relativos a la solidaridad americana fueron suscritos allí. Dichos instrumentos resumen la experiencia de sesenta años de panamericanismo y han sido cuidadosamente elaborados. Son expedientes capaces de realizar la felicidad de nuestros pueblos en todos los órdenes de la vida contemporánea.

Y la Carta de la Organización de los Estados Americanos (OEA) resume y perfecciona las convenciones, declaraciones y resoluciones que le anteceden. Es la Constitución Política del Hemisferio Occidental. Sus capítulos principales comprenden: Naturaleza y Propósitos; Principios; Derechos y Deberes Fundamentales de los Estados; Solución Pacífica de Controversias; Seguridad Colectiva; Normas Económicas; Normas Sociales; Normas Culturales; Órganos de la OEA; Relación con las Naciones Unidas; Disposiciones Varias. El Tratado Americano de Soluciones Pacíficas, designado allí mismo como "Pacto de Bogotá", encarna, perfeccionándolo, el sistema de solución pacífica de controversias y deroga, luego de las respectivas ratificaciones, todos los instrumentos internacionales que le preceden.

"El Convenio Económico de Bogotá" sintetiza las aspiraciones de los pueblos americanos, jurídicamente regimentadas para bienestar colectivo.

Las Convenciones sobre Derechos Civiles y Políticos de la Mujer Americana responden íntegramente a un anhelo de justicia humana. Y lo propio puede decirse de la "Carta Internacional Americana de Garantías Sociales".

Numerosos votos, declaraciones, resoluciones y recomendaciones vienen a consolidar la obra de la Novena Conferencia, la cual, a pesar de haberse realizado en un clima de zozobras, produjo magníficos resultados.

En esta forma queda erigido frente a los tiempos, inconmovible y definitivo, el Panamericanismo, sueño de los padres de la patria americana. En esta obra paciente y fecunda ha tenido influencia decisiva la Unión Panamericana.

Fundada al terminar la Primera Conferencia en 1890, bajo el nombre de Oficina Internacional Americana, para la compilación, arreglo y publicación en inglés, castellano y portugués, de datos e informes referentes a la producción, comercio, leyes y reglamentos de aduana de los respectivos países, su organización y facultades han venido siendo motivo de discusión en mayor o menor escala, a través de todas las Conferencias Panamericanas.

En la de 1923 se determinaron sus fines y sus atribuciones, al tenor de la Resolución Segunda de dicha Conferencia, así:

1° — Compilar y distribuir informaciones y folletos referentes al desarrollo comercial, industrial, agrícola y educacional, así como al progreso en general de los países americanos.

2° — Compilar y clasificar informaciones referentes a Convenciones y Tratados firmados entre las Repúblicas Americanas y entre éstas y otros Estados, así como lo referente a la legislación de las primeras.

3° — Cooperar al desarrollo de las relaciones comerciales y culturales y a un conocimiento mutuo más íntimo entre las Repúblicas Americanas.

4° — Actuar como Comisión Permanente de las Conferencias Internacionales Americanas; guardar sus informes y archivos; cooperar a obtener la ratificación de los Tratados y Convenciones, así como también procurar que se respeten los acuerdos tomados y preparar el programa y los reglamentos de cada Conferencia.

5° — Presentar a los diversos Gobiernos, al celebrarse cada nueva Conferencia, un informe sobre el trabajo realizado por la Institución desde la clausura de la última Conferencia, y también informes especiales sobre temas que le hayan sido sometidos.

6° — Desempeñar aquellas funciones que le sean conferidas por la Conferencia o por el Consejo Directivo, en uso de las facultades que le acuerda esta resolución."

En la Conferencia de La Habana se firmó una Convención relacionada con dichas finalidades y atribuciones, la cual, por no haberla ratificado todos los Estados signatarios, ha quedado sin efecto, no obstante que suelen mencionarse algunas de sus disposiciones. En la Conferencia sobre Problemas de la Guerra y la Paz, celebrada en México en 1945, se tomó una resolución ampliando el radio de las mismas.

Pero fue en la Novena Conferencia cuando, al crearse la Organización de Estados Americanos, quedó como órgano central y permanente de la misma. Es la Secretaría General de la Organización, siendo su destino principal promover las relaciones económicas, sociales, jurídicas y culturales entre todos los Miembros de la misma, teniendo a su cargo, además, las siguientes funciones:

a) Transmitir ex oficio a los Estados Miembros la convocatoria para la Conferencia Interamericana, la Reunión de Consulta de Ministros de Relaciones Exteriores y las Conferencias Especializadas;

b) Asesorar al Consejo y a sus órganos en la preparación de los programas y reglamentos de la Conferencia Interamericana, de la Reunión de Consulta de Ministros de Relaciones Exteriores y de las Conferencias Especializadas;

c) Poner, dentro de sus posibilidades, a la disposición del Gobierno del país donde se celebre la Conferencia, la ayuda técnica y el personal que dicho Gobierno solicite;

d) Custodiar los documentos y archivos de las Conferencias Interamericanas y de las Reuniones de Consulta de Ministros de Relaciones Exteriores; y, en cuanto fuere posible, los de las Conferencias Especializadas;

e) Servir de depositaria de los instrumentos de ratificación de los convenios interamericanos;

f) Cumplir las funciones que le encomienden la Conferencia Interamericana y la Reunión de Consulta de Ministros de Relaciones Exteriores;

g) Presentar al Consejo un informe anual sobre las actividades de la Organización; y

h) Presentar a cada Conferencia Interamericana su informe sobre las labores realizadas por los Órganos Interamericanos desde la Conferencia anterior.

CAPÍTULO X: DERECHO INTERNACIONAL AMERICANO

La conducta y las prácticas consuetudinarias originaron entre la familia de naciones europeas un conjunto de normas que fueron el resultado de circunstancias históricas, económicas, jurídicas, geográficas, sociales, políticas, religiosas y culturales. Dichos principios y procedimientos pueden agruparse bajo el común denominador de Derecho Internacional Europeo.

Indiquemos ligeramente algunos de sus principios y características:

a) Durante la Edad Media y como resultado de la fuerte influencia ejercida por la Iglesia sobre el Estado, cobraron auge algunas teorías como la de Las Dos Espadas, según la cual Dios puso en manos del Papa dos espadas que representan, la una el poder espiritual y la otra el poder temporal; y el Santo Padre, a su vez, puso en manos del Emperador la espada que representa el poder temporal, de donde surge como una consecuencia indubitable la sujeción del Emperador al poder espiritual de Su Santidad.

b) Instituciones de Derecho Canónico fueron también "El Santuario" y la "Moratoria de Guerra", que aportaron al Derecho de la Guerra valiosas normas de contenido humanitario. Según la primera, debía respetarse la vida de los prófugos y heridos que lograban refugiarse en las iglesias, los cementerios, los conventos y, de modo general, en todo lugar sagrado. Y conforme la segunda, debían suspenderse las hostilidades durante los días sacros, por ejemplo, la Navidad y el Jueves y Viernes de la Semana Santa. Esta práctica daba lugar a que, durante la tregua, pudiesen sobrevenir arreglos capaces de poner fin a la guerra.

c) Con la Reforma, preconizada por Lutero sobre la base del libre examen, se originaron dos corrientes político-religiosas: la episcopalista y la presbiteriana. La primera, representada por Lutero en la Alemania septentrional, abogaba por la concurrencia del poder espiritual y del poder temporal en la persona del Príncipe. Esta corriente acentuaba el poder soberano y es precursora de los Estados totalitarios. La segunda, sustentada por Calvino y Zwinglio, tiene raíces democráticas, puesto que persigue el retorno de la Iglesia al presbiterio, donde estaban representados todos los fieles de la comunidad. En el Tratado de Paz de Westfalia, 1648, se consideró en pie de igualdad al Catolicismo, al Luteranismo y al Calvinismo.

d) Después de firmada la Paz de Westfalia, va tomando carta de ciudadanía el Legitimismo, según el cual la legitimidad del Estado depende de la legitimidad de la sucesión de los príncipes en el orden dinástico interno. Este principio, que pretende consagrar a determinadas dinastías en el poder, muy al margen de la voluntad popular, halló su tumba en la Revolución Francesa.

e) La Teoría de las Nacionalidades sacudió Europa a mediados del siglo diecinueve. Preconizada por Pascual Estanislao Mancini, buscaba consolidar en unidades de derecho a pueblos y grupos de tradiciones y anhelos comunes. Según dicha teoría, sólo las naciones eran sujetos de Derecho Internacional Público. Esa corriente llevó a Grecia a independizarse de Turquía en 1831 y más tarde fue algo así como el cemento armado para redondear imperios como el de Italia y Alemania, a fines del pasado siglo.

f) El equilibrio político-económico fue otro de los recursos de que los Estados europeos se valían para mantener la paz. Consistía en la celebración de alianzas, defensivas y ofensivas, con miras a evitar la absorción de los débiles por los fuertes. El equilibrio político y el derecho de intervención, de que ya se habló antes, denuncian la existencia de la desigualdad entre los Estados europeos, desigualdad que es corolario de los dos aspectos anteriores.

g) Aún existen supervivencias de una práctica que fue económica y jurídicamente aceptada: el imperialismo, fundado en razones de necesidad y realizado mediante guerras de agresión y de conquista. Como secuela jurídica de tal conducta, los pueblos europeos pusieron en vigor el jus sanguinis para perpetuar su hegemonía en el espacio y en el tiempo.

De idéntica manera, los Estados Americanos, confrontando realidades diferentes a las del viejo mundo, han constituido el llamado Derecho Internacional Americano.

Ambas categorías se identifican en los principios esenciales y sus fines son semejantes. Pero cada una presenta características distintas. De ahí que mientras unos autores defienden la regionalidad del Derecho Internacional, otros sostienen la universalidad de sus principios. Desde la segunda mitad del siglo anterior, tratadistas como José Victorino Lastarria, Juan Bautista Alberdi, Amancio Alcorta y otros han venido sosteniendo la existencia del Derecho Internacional

Americano, siendo dicho tópico motivo de acaloradas polémicas, una de las cuales tuvo lugar en Santiago de Chile, en 1923, con ocasión de la Quinta Conferencia Panamericana.

Pero en el curso de este siglo, la obra más aquilatada en ese sentido corresponde al internacionalista chileno Don Alejandro Álvarez, a quien se ha bautizado con justicia como el Grocio del Derecho Internacional Americano.

En efecto, sus trabajos comenzaron en 1905 y fueron desenvolviéndose hasta cristalizar en 1909, año en que publicó su importantísimo tratado "Le Droit International Américain". A partir de entonces, copiosísima y fecunda ha sido su labor. En 1917 presentó al Instituto Americano de Derecho Internacional un proyecto sobre "Derechos Fundamentales del Continente Americano". En 1926 llevó a la Unión Jurídica Internacional un "Proyecto de Organización Económica Americana"; y hasta el seno de la Cuarta Conferencia Interamericana de Abogados, reunida en Santiago en octubre de 1945, hizo llegar su proyecto para una "Carta Fundamental del Continente Americano".

En colaboración con el insigne tratadista estadounidense James Brown Scott, fundó en 1912 el Instituto Americano de Derecho Internacional, con sede en Washington, el cual comenzó sus labores en 1916.

Y en 1921, en unión de sus eminentes colegas europeos Fauchille y La Predélle, fundó el Instituto de Altos Estudios Internacionales en la capital de Francia, con el propósito de revisar las grandes nociones del Derecho Internacional después de la Primera Guerra Mundial.

"Por Derecho Internacional Americano debe entenderse —dice Alvarez— el conjunto de instituciones, principios, reglas, doctrinas, convenciones, costumbres y prácticas internacionales que han establecido los Estados del Nuevo Mundo de acuerdo con sus peculiares condiciones, así como lo relativo a la defensa de sus derechos e intereses nacionales y a los del Continente".

Algunos de los principios de este nuevo Derecho no son esencialmente americanos, toda vez que resuelven problemas susceptibles de presentarse en otras latitudes; pero sus autores y las doctrinas que dan las más adecuadas soluciones pertenecen al Continente de Colón. De allí la razón de ser de su matrícula. Otros principios, en cambio, son exclusivos, vale decir, autóctonos, por responder a situaciones peculiares, habida cuenta de las circunstancias geográficas, económicas, jurídicas, políticas, culturales, sociales, en fin.

a) El Uti Possidetis es un principio típicamente americano. Tiene vigor solamente respecto de las que fueron colonias de España. Consiste en una regla para fijar los límites de los territorios de los Estados de conformidad con las líneas divisorias que tenían los virreinatos, las capitanías generales, las intendencias y las audiencias. En varios casos resultaba de fácil solución; mas en otros, las dificultades no se hicieron esperar, pues las dependencias administrativas que la Madre Patria había establecido en estas latitudes no siempre fijaban con claridad sus líneas limítrofes en medio de pampas infinitas, de selvas inextricables y desiertos sin medida.

El Uti Possidetis puede ser de jure y de facto. Los países hispanoparlantes aceptan por regla general el de 1810. Mas, tratándose de la América Central, sus cinco Estados han consagrado el de 1821.

El primero ha servido con toda eficiencia, en varios casos, por ejemplo:

a) Convenio de Arbitraje entre Colombia y Venezuela, firmado en Caracas el 14 de septiembre de 1889, por el cual las partes sometieron a S. M. el Rey de España la decisión de su frontera, sobre la base de las pertenencias en 1810;

b) Tratado de Arbitraje sobre límites entre Perú y Bolivia, suscrito en La Paz el 30 de diciembre de 1902, mediante el cual las partes confiaron a la decisión del Gobierno argentino sus diferendos de posesión en 1810.

Y así por el estilo. De otra parte, las Constituciones de algunos países establecen expresamente que su sistema limítrofe está regido por el Uti Possidetis de 1810.

El segundo, es decir, el Uti Possidetis de 1821, ha servido para solucionar casos como el de Honduras y Nicaragua, según la Convención Gámez-Bonilla firmada por ambos países en Tegucigalpa el 7 de octubre de 1894, cuyo canje de ratificaciones se hizo en San Salvador el 24 de diciembre de 1896, fijando las condiciones del arbitraje para resolver la cuestión fronteriza de ambos países, debiendo tenerse la sentencia como "tratado perfecto, obligatorio y perpetuo contra el cual no cabrá recurso alguno". El Laudo Arbitral fue dictado por Alfonso XIII el 23 de diciembre de 1906, y aceptado por ambos países, dando fin en forma amistosa a una vieja controversia. También dicho principio fue invocado en la cuestión limítrofe suscitada entre Guatemala y Honduras, cuestión resuelta por el Tratado de Arbitraje entre ambos países suscrito el 16 de julio de 1930, cuyo Laudo fue dictado el 23 de enero de 1933.

Finalmente, en casos especialísimos se hace mención al Uti Possidetis de otros años. Por ejemplo, la Constitución de Costa Rica del 71 fija sus límites con Colombia mediante el Uti Possidetis de 1826.

b) Otro principio de Derecho Internacional Americano es la No-Intervención, contrapuesto al principio de la Intervención, característico del Derecho Internacional Europeo, en la forma ya explicada.

En el Antiguo Mundo las grandes potencias interferían la suerte de los pequeños Estados, y esta intromisión se reputaba jurídicamente válida. Los países fuertes celebraban convenciones y tratados que los demás, voluntariamente o por la fuerza, tenían que acatar como si los hubiesen suscrito.

En este Continente, por el contrario, desde 1823 comenzó a combatirse la intervención, por conceptuarla nociva a la salud de nuestras repúblicas. La Doctrina Monroe fue por muchos años el instrumento tutelar de estas jóvenes naciones. Y ya finalizando el pasado siglo, frente a nuevas modalidades de intervención, nacieron nuevos modos de repelerla.

Es el caso que en repetidas ocasiones los extranjeros que hacían inversiones de capital en estas tierras apelaban a la vía diplomática o al uso de la fuerza militar para hacer efectivas sus reclamaciones pecuniarias. Frente a esta situación que afligía a nuestros gobiernos, el jurisconsulto argentino Carlos Calvo —uno de los más altos exponentes del Derecho Internacional en todos los tiempos— condenó el uso de la intervención diplomática o armada como medio legítimo para hacer efectivas las deudas públicas, lo mismo que toda clase de reclamaciones privadas de orden pecuniario.

Más tarde, cuando en 1902 las escuadras de Inglaterra, Alemania e Italia bloquearon las costas de Venezuela para proteger a los súbditos de dichas potencias que habían celebrado, a título particular, contratos con el Gobierno de aquella República americana, se alzó la voz airada de otro insigne argentino, el Doctor Luis María Drago, a la sazón Ministro de Negocios Extranjeros, quien hizo llegar al Secretario de Estado de los Estados Unidos, Mr. Hay, una importante nota, condenando el uso de la fuerza para el cobro de títulos de la deuda pública. En ese documento memorable están contenidos los fundamentos de lo que más tarde se había de conocer en el mundo científico con el nombre de "Doctrina Drago".

La Tercera Conferencia Panamericana era la más próxima oportunidad para discutir los puntos propuestos por el Canciller argentino; mas, estando para celebrarse la Segunda Conferencia de La Haya, se acordó diferir para entonces la discusión de tan importante asunto. Llegada que fue dicha oportunidad —1907— y expuestos personalmente los principios por el Doctor Drago, quien asistió como Delegado de su país, la Doctrina fue aceptada con una enmienda que formulara el General Porter, Delegado Americano. Y aunque con dicha enmienda la Doctrina sufrió considerables limitaciones, de todos modos representaba una notable conquista. El texto de los artículos, tal como quedaron aprobados, es el siguiente:

"1° — Las potencias contratantes están de acuerdo en no recurrir a la fuerza armada para exigir el pago de deudas escriturarias reclamadas al Gobierno de un país por el otro como debidas a sus nacionales. No obstante lo anteriormente expuesto, esta estipulación no podrá ser aplicada cuando el Estado deudor rehúsa o deja sin respuesta un ofrecimiento de compromiso, o, después del arbitraje, no se conforma con la sentencia.

Art. 2° — Convienen además, en que el arbitraje mencionado en el párrafo segundo del artículo precedente se sustanciará con arreglo al procedimiento previsto en el Título IV, Capítulo III, de la Convención de La Haya para el arreglo pacífico de los conflictos nacionales. La sentencia arbitral determinará, salvo los arreglos particulares de las partes, el fundamento de la reclamación, el monto de la deuda y el tiempo y manera de hacerse el pago."

El asunto de las reclamaciones pecuniarias era un problema en el orden del día con anterioridad al caso de Venezuela. Y por tal motivo, en la Segunda Conferencia Panamericana de México, 1902, se había suscrito una convención al respecto, la cual fue prorrogada en sus efectos por la Tercera Conferencia. Dicha Convención debía estar en vigor hasta 1912.

No obstante estas alambradas jurídicas, la presión de Gobiernos poderosos —Estados Unidos, especialmente— en favor de sus nacionales crecía cada vez, y para poner cese a tan humillante situación, los gobiernos americanos suscribieron en la Cuarta Conferencia —Buenos Aires, 1910— una nueva convención que lograba reparar las deficiencias de aquella que se firmó en La Haya. El texto de sus dos primeros artículos dice:

Art. 1° — Las Altas Partes Contratantes se obligan a someter a arbitraje todas las reclamaciones por daños y perjuicios pecuniarios que sean presentadas por sus ciudadanos respectivos y que no puedan resolverse amistosamente por la vía diplomática, siempre que dichas reclamaciones sean de suficiente importancia para ameritar los gastos del arbitraje. El fallo se dictará conforme a los principios del Derecho Internacional.

Art. 2° — Las Altas Partes Contratantes convienen en someter a la decisión de la Corte Permanente de Arbitraje de La Haya todas las controversias que sean materia de este tratado, a no ser que las partes se pongan de acuerdo para constituir una jurisdicción especial."

Esa convención debía entrar en vigor inmediatamente después del 31 de diciembre de 1912, fecha en que expiraban los efectos de la que se firmó en México, la cual quedaba derogada solamente en el aspecto ya citado y en plena vigencia respecto de las controversias sometidas a arbitraje antes de esa fecha bajo las condiciones de dicho tratado.

En la Carta de la Organización de Estados Americanos encontramos tres artículos que definen la conducta de los signatarios:

Art. 15. — "Ningún Estado o grupo de Estados tiene derecho de intervenir, directa o indirectamente, y sea cual fuere el motivo, en los asuntos internos o externos de cualquier otro. El principio anterior excluye no solamente la fuerza armada, sino también cualquier otra forma de ingerencia o de tendencia atentatoria de la personalidad del

Estado y de los elementos políticos, económicos y culturales que lo constituyen.

Art. 16. — Ningún Estado podrá aplicar o estimular medidas coercitivas de carácter económico y político para forzar la voluntad soberana de otro Estado y obtener de éste ventajas de cualquier naturaleza.

Art. 17. — El territorio de un Estado es inviolable; no puede ser objeto de ocupación militar ni de otras medidas de fuerza tomadas por otro Estado, directa o indirectamente, cualquiera que fuere el motivo, aun de manera temporal. No se reconocerán las adquisiciones territoriales o las ventajas especiales que se obtengan por la fuerza o por cualquier otro medio de coacción."

c) La igualdad entre los Estados americanos es la secuela directa de su propia formación. Todos nacieron en idénticas circunstancias; derivaron de una madre común; usaron herramientas semejantes para labrar su autonomía; iniciaron la lucha de independencia casi coetáneamente en el Norte y en el Sur, y, en fin, su estructura económico-política era similar a la hora del nacimiento. Suficiente motivo para que se creyeran hermanos por la sangre.

A diferencia de Europa, donde las naciones son objeto de discriminación por la naturaleza de su gobierno, por la potencia de su economía, por la diferencia de su cultura, por la tendencia religiosa y por tantas razones ancestrales, en América ha venido imperando el sentido de la igualdad desde los primeros tiempos. Mientras allende el Atlántico los Estados se denominaban imperios, reinos, principados, y de vez en cuando alboreaba vacilante alguna república antes del presente siglo, en nuestras latitudes se formaron repúblicas con gobiernos, ya centralizados, ya federativos. Y los pocos intentos de convertir en imperios a algunas regiones de nuestra América no tuvieron efectos duraderos.

En las diversas Conferencias Panamericanas se ha sentido ese clima de igualdad, habiéndose consagrado más de una vez en pactos y convenciones. Actualmente ese principio figura en la Carta de la OEA, así: Artículo 6. — "Los Estados son jurídicamente iguales, disfrutan de iguales derechos e igual capacidad para ejercerlos, y tienen iguales deberes. Los derechos de cada uno no dependen del poder de que disponga para asegurar su ejercicio, sino del simple hecho de su existencia como persona de derecho internacional".

La igualdad rige nuestras relaciones, al menos en lo jurídico. En la realidad no debe desconocerse la influencia preponderante de algunos países, especialmente los Estados Unidos, que constituyen la primera potencia del mundo contemporáneo.

d) Los gobiernos de facto tienen largo registro en la historia del Nuevo Mundo. Y por esa misma razón el problema de su reconocimiento ha engendrado complejas situaciones que desembocan en soluciones diversas, pues los motivos que inspiran ésta o la otra doctrina no obedecen siempre a móviles únicamente jurídicos, sino que tienen raíces de orden político y económico.

En 1907, el Doctor Carlos R. Tobar formuló su interesante Doctrina, sosteniendo que debe reconocerse tan sólo a los Gobiernos que tienen una base constitucional. Esto implica que antes de otorgar el reconocimiento, los Gobiernos están autorizados para investigar la situación interna de aquel que va a ser reconocido, lo cual importa una intromisión.

En 1913, el Presidente Wilson hizo su famosa declaración en contra de los gobiernos de facto, declaración que era la más viva manifestación de la política intervencionista de los Estados Unidos.

Y en 1930, el Doctor Genaro Estrada, entonces Ministro de Relaciones de México, encarnando el sentir y el pensar de su pueblo, consideró denigrantes las prácticas anteriores y declaró que el Gobierno de México tan sólo se concretaría a retirar o mantener sus representantes y a seguir admitiendo o no a los representantes del otro Estado, sin juzgar sobre su legalidad.

Esta declaración, abiertamente anti-intervencionista, ha pasado al Derecho Público Americano con el nombre de "Doctrina Estrada".

e) La Continentalidad es otra característica del Derecho Internacional Americano.

La Organización de Estados Americanos (OEA) es un sujeto de Derecho Internacional. Su personalidad jurídica es independiente de la personalidad de cada uno de sus miembros, al tenor de lo que preceptúa su propia Carta Constitutiva.

Esta continentalidad es concomitante con el sentimiento de solidaridad, y no significa aislamiento de las normas universales sino unidad para realizar propósitos internos y cooperación para la defensa exterior.

"La agresión a un Estado Americano constituye una agresión a todos los demás Estados Americanos", dice la Carta de la OEA.

f) El Asilo, ya sea territorial o diplomático, no es institución americana porque tampoco la persecución de ciudadanos por parte de los Gobiernos es patrimonio único de estas latitudes. Sin embargo, puede asegurarse que por obra de nuestras frecuentes convulsiones, los países del Hemisferio han sufrido en mayor grado tan penosa situación, generatriz de numerosos conflictos.

Con vista de ello, algunos países sudamericanos suscribieron una Convención en Montevideo en 1889, que ha estado en pleno vigor hasta cuando fueron firmadas las convenciones de La Habana, en 1928, y la de Montevideo, 1933, las cuales han afectado bastante la estructura y el alcance de aquélla.

El derecho de asilo, respecto de los pueblos latinoamericanos — Estados Unidos no ha suscrito ninguna de esas convenciones—, representa una de las más valiosas conquistas en el campo del civismo. Es una especie de freno contra los abusos de gobiernos despóticos, tan frecuentes en pueblos analfabetos y hambrientos. La Historia registra casos dramáticos alrededor del mismo. El más reciente es el motivado por el líder aprista peruano Víctor Raúl Haya de la Torre, asilado en la Embajada de Colombia, en Lima, desde 1949. Los Gobiernos de Perú y Colombia llevaron el asunto a la Corte Internacional de Justicia; mas, por haberse planteado la demanda en forma defectuosa, el fallo del más alto Tribunal del mundo resultó congruente con la pretensión, es decir, defectuoso, y no ha sido posible ejecutarlo; así que Haya de la Torre, sin poder salir del Perú, es prácticamente un prisionero en la Embajada de Colombia.[16]

Los países centroamericanos, llevando su celo por los derechos humanos hasta plausible extremo, acordaron en los Pactos de Washington de 1907 y 1923 conceder asilo a los reos políticos a bordo de barcos mercantes.

---

[16] En 1954, Haya de la Torre recuperó su libertad en virtud de arreglo entre ambos Gobiernos, como resultado de la Décima Conferencia Panamericana, celebrada en Caracas, en marzo de aquel año.

g) Hablando de nacionalidad, en América se ha adoptado de modo preferente el jus soli —contraprueba del jus sanguini que domina en países europeos—, por el afán de arraigar en nuestros predios a las gentes de otras tierras, especialmente del Viejo Mundo, quienes, con su ingenio, capacidad y experiencia, saben resolver mejor el problema de la cultura, entendiendo por cultura el conjunto de realizaciones que afirman la victoria del hombre sobre su medio ambiente.

Bueno es señalar que un aporte de gran valía es el arbitraje institucional, cuyos orígenes se encuentran en los tratados firmados entre Colombia y Centroamérica en 1825, previos al Tratado de Unión, Liga y Confederación Perpetuas, suscrito el año siguiente en Panamá, donde también se consagra dicho procedimiento, juntamente con los buenos oficios, la mediación y la conciliación.

El arbitraje institucional es, pues, de estirpe americana, sin desconocer, por supuesto, que el arbitraje ad hoc u ocasional para resolver controversias o disputas aisladas ha existido desde que el mundo es mundo, siendo el medio más común para tal fin. Sobre este particular es interesante seguir a Podestá Costa: "El arbitraje institucional se presenta en la América Latina siguiendo tres etapas: en el primer tercio del siglo como simple cláusula compromisoria especial, inserta en tratados de diversa naturaleza; en seguida aparece en los tratados la cláusula compromisoria general, esto es, una estipulación que no es ya un accesorio destinado a someter al arbitraje las divergencias provenientes de la aplicación o interpretación del tratado que la contiene, sino que importa por sí sola pactar el arbitraje, de modo genérico pero sumario, para otras divergencias del futuro; finalmente, surgen los tratados generales de arbitraje, que no son sino el desarrollo del germen contenido en aquella cláusula compromisoria general. Cierto es que la mayor parte de esas estipulaciones no alcanzaron a ser ratificadas; pero su reiteración constante revela el anhelo, en los países latinoamericanos, de atribuirle al arbitraje función más alta que la de solventar tal o cual divergencia pendiente. Los primeros tratados de arbitraje aparecen en 1880-83, por obra de El Salvador, que los estipula con Colombia, República Dominicana y Uruguay..."

De este modo, en el Pacto de Unión Provisional suscrito por Costa Rica, Guatemala, Nicaragua, Honduras y El Salvador el 15 de octubre de 1889, los signatarios establecen (Art. 9°) "que en ningún caso y por ningún motivo se harán la guerra, y caso de que entre ellos ocurriese alguna diferencia y no pudiesen avenirse, no obstante la mediación del Ejecutivo Nacional, adoptarán precisa e ineludiblemente el medio civilizador y humanitario del arbitraje".

He aquí, pues, el antecedente de la Recomendación sobre Arbitraje suscrito en Washington, D. C., en abril de 1890, con ocasión de la Primera Conferencia Internacional Americana, de que ya se habló en anteriores páginas.

El Derecho Internacional Americano sigue su curso de perfeccionamiento. Cada Conferencia Panamericana representa una jornada gloriosa tras la seguridad del Continente. Y como si esto no bastara, funcionan con carácter permanente numerosos organismos especializados, oficiales, semi-oficiales y privados, que tienen como finalidad cardinal promover el desarrollo integral de la actividad. Según los ha calificado la Unión Panamericana, dichos organismos especializados son:

ORGANISMOS OFICIALES.

1.- Instituto Internacional Americano de Protección a la Infancia.
2.- Comité Consultivo de Emergencia para la Defensa Política.
3.- Junta Interamericana del Café.
4.- Comisión Interamericana de Administración Territorial.
5.- Comisión Interamericana de Mujeres.
6.- Junta Interamericana de Defensa.
7.- Instituto Interamericano de Indigenistas.
8.- Instituto Interamericano de Ciencias Agrícolas.
9.- Oficina Interamericana de Telecomunicaciones.
10.- Oficina Interamericana de Marcas de Fábrica.
11.- Oficina Central de Eugenesia y Homicultura.
12.- Instituto Permanente de los Congresos Panamericanos de Carreteras.
13.- Instituto Panamericano de Geografía e Historia.
14.- Comisión Aeronáutica Permanente Americana.
15.- Comisión del Ferrocarril Panamericano.
16.- Oficina Sanitaria Panamericana.

17.- Oficina Internacional de la Unión Postal de las Américas y España.

18.- Comisión Permanente Interamericana de Seguridad Social.

19.- Organismos de Codificación:

a) Comité Jurídico Interamericano;

b) Comisión de Expertos para la Codificación del Derecho Internacional;

c) Comisión Permanente de Río de Janeiro para la Codificación del Derecho Internacional Público;

d) Comisión Permanente de Montevideo para la Codificación del Derecho Internacional Privado;

e) Comisión Permanente de La Habana de Legislación Comparada y Unificación de Legislaciones; y

f) Comisión Permanente de Juristas para la Unificación de las Leyes Civiles y Mercantiles de América.

ORGANISMOS SEMIOFICIALES.

1.- Comisión de Fomento Interamericano.

2.- Instituto Interamericano de Estadística.

3.- Oficina Panamericana del Café.

4.- Comisión Interamericana de Cooperación Intermunicipal.

5.- Comisión Permanente de Congresos Panamericanos de Ferrocarriles.

ORGANISMOS PRIVADOS.

1.- Instituto Americano de Derecho Internacional.

2.- Sociedad Americana de Ciencias Agrícolas.

3.- Asociación de Escritores y Artistas Americanos.

4.- Federación Interamericana de Abogados.

5.- Asociación Interamericana de Bibliografía y Biblioteconomía.

6.- Comisión Interamericana de Arbitraje Comercial.

7.- Consejo Permanente de Asociaciones de Comercio y Producción.

8.- Federación Interamericana de Automóvil Clubs.

9.- Federación Interamericana de Sociedades de Autores y Compositores.

10.- Asociación Interamericana de Hoteles.

11.- Sociedad Interamericana de Antropología y Geografía.

12.- Sociedad Colombista Panamericana.

13.- Confederación Panamericana de Carreteras.

14.- Instituto Panamericano de Ingeniería de Minas y Geología.

15.- Asociación Médica Panamericana.

16.- Sociedad Panamericana de Odontología.

He aquí a grandes rasgos la obra paciente de casi siglo y medio de trabajo. En todas estas realizaciones palpita el polvo prócer de los hombres de América, desde Bolívar hasta Juárez; desde Lincoln hasta Sánchez de Bustamante; desde San Martín hasta Diego Rivera; desde Artigas hasta Roosevelt; desde Morazán hasta Rubén Darío; desde Santander hasta Rui Barbosa; desde Juan de Egaña hasta Martí; desde Miranda hasta Pedro Henríquez Ureña; desde José Matías Delgado hasta James Brown Scott; desde Andrés Bello hasta Gabriela Mistral...

América sigue ascendiendo hasta cumplir su destino de Continente Rector, receptáculo y crisol de la cultura universal, punto de cita para Dios y los hombres.

Y José Cecilio del Valle, desde el Aconcagua de su inmortalidad, seguirá esparciendo por los cielos su profecía de meridianos radiosos: "¡La América no caminará un siglo atrás de la Europa; marchará a la par primero; la avanzará después, y será al fin la parte más ilustrada por la ciencia como es la más iluminada por el sol!"

Honduras, año de 1968.

ÍNDICE